全国学前教育专业"十二五"系列规划教材

幼儿园多媒体课件制作实用教程

（下册）

主　编：李河江　　胡炳旭

副主编：刘志林　　夏焕团

　　　　王园园　　张国祥

　　　　朱　虹

南开大学出版社

天　津

图书在版编目(CIP)数据

幼儿园多媒体课件制作实用教程. 下册 / 李河江，
胡炳旭主编. —天津：南开大学出版社，2016.9（2019.8重印）
ISBN 978-7-310-05205-9

Ⅰ. ①幼… Ⅱ. ①李… ②胡… Ⅲ. ①幼儿园-多媒
体教学-制作-教材 Ⅳ. ①G436

中国版本图书馆 CIP 数据核字(2016)第 203364 号

南开大学出版社出版发行
出版人：刘运峰
地址：天津市南开区卫津路 94 号　　邮政编码：300071
营销部电话：(022)23508339　23500755
营销部传真：(022)23508542　　邮购部电话：(022)23502200

＊

三河市同力彩印有限公司印刷
全国各地新华书店经销

＊

2016 年 9 月第 1 版　　2019 年 8 月第 4 次印刷
260×185 毫米　16 开本　13.5 印张　308 千字
定价：29.80 元

如遇图书印装质量问题，请与本社营销部联系调换，电话：(022)23507125

前　言

　　课堂是落实《幼儿园教育指导纲要》的主阵地。幼儿园教学质量的高低取决于课堂教学的效果。课堂教学效果受教学手段和教学方法的制约，先进的教学手段和符合幼儿心理特点的教学方法是保证教学质量的必要条件。喜欢动画片是幼儿的天性。使用课件教学能够激发幼儿的学习兴趣，有效地提高教学的效率。Powerpoint 2010 是优秀的文字动画软件，Flash 8.0 是优秀的对象动画制作软件，利用它们开发出的课堂教学软件，有着比较好的动画效果，能够比较好地迎合幼儿的心理。所以说，Powerpoint 2010 和 Flash 8.0 是幼儿教师制作课件的优秀软件。为了帮助幼儿师范学校的学生掌握这两个软件，我们特编写此教材。

　　在编写的过程中，我们充分考虑了幼儿师范学校学生的特点，尽可能使教材符合学生的心理特点和认知水平，力求达到看了教材就会，按照教材的操作程序就可以做的目的。

　　既然是课件课，那就不能不提到课件的概念。本书分两大部分，第一章简述课件的概念，目的是使学生能够对课件有一个比较准确的认识，为她们学习课件制作，独立制作课件，使用课件教学奠定基础。后面的章节介绍课件的制作技术，即用 Powerpoint 2010 和 Flash 8.0 制作课件的方法，目的是想让学生掌握一些制作课件的技术。

　　Powerpoint 2010 是根据玻璃幻灯片的工作原理设计而成的。玻璃幻灯片是把文字和图写画在玻璃上，一张一张地放在光源的前面，把玻璃上的文字和图画投射到银幕上。Powerpoint 2010 是把文字、图写画在计算机上类似于玻璃的工作区，通过计算机、投影仪把文字和图片投放到银幕上。玻璃幻灯片不能够放置动画、视频和声音，而在用 Powerpoint 2010 制作的幻灯片上，不但能够添加文字和图，而且可以添加动画、视频和声音。使用 Powerpoint 2010 制作课件，说白了，就是根据教学的需要把文字、图片、动画、声音、视频放置到工作区的合适位置，使它们产生一些吸引学生眼球的动画效果。因此，在这本书里，我们重点介绍对象的插入和动画效果的设置。

　　Flash 8.0 是以制作平面动画为主的多媒体开发工具。解决的核心问题是怎样制作平面动画。软件提供了多种方法，形成了相对独立的动画形式，主要有帧动画、移动动画、形状动画、遮罩动画、代码动画。完成这些动画的基础是绘制动画对象。作为课堂教学软件，还要有控制动画播放的按钮，这样才能实现讲到什么地方，就播放出相应内容的目的。因此，我们在 Flash 8.0 部分这样安排学习内容：先介绍软件的特点和安装，使学生对该软件有一个大致的认识，进而产生学习的欲望，有兴趣的学生，还可以在自己的计算机上安装软件，为课后学习打下基础。接着，介绍使用 Flash 8.0 绘画的方法和技巧，为绘制动画的对象做一些准备。再接着，分别介绍帧动画、移动动画、形状动画、遮罩动画的制作方法和技巧，穿插补充一些绘画工具的使用方法，提高学生制作动画的能力。

在学生了解了基本的动画制作方法之后，介绍课件的控制。学习了按钮的设置，完全掌握了教材内容的学生，基本上可以制作出可控制的、多页面的课件。幼儿师范学校学生掌握的英语词汇量有限，使用代码编写程序需要学生熟悉英语，因此，我们把代码动画放在最后，作为选学内容。学生能够使用复制粘贴的方法制作、改造一些小动画。每章分若干个节，每个节完成一个或者两个具体的任务，每个任务的完成，都将涉及一些 Flash 的基本理论、方法和工具。

我们没有按照计算机理论体系编写教材，而是遵循"实践—认识—再实践—再认识"的认知理论，按照先实践后理论的方法编写。这是因为，幼儿师范学校的学生，受专业设置的影响，抽象思维能力、概括分析能力相对于重点高中的学生要弱一些；形象思维能力、模仿应用能力比较强；不擅长理解抽象的事物，容易接受形象的、具体的事物。调查研究表明：学生对课件制作的案例比较感兴趣，接受得比较快，反感于抽象的理论说教。因此，我们在编写的时候，总是尽可能用案例来说明软件中的理论，努力避免抽象的理论。

为了使学生在学习的时候能做到心中有数，掌握学习的主动权，每一节的开始都有"学习指导"列举出学习的要点和方法。为了使学生顺利接受教学的内容，每一节总是先明确一个任务，即明确我们要干什么，然后，介绍操作的过程。当学生有了操作的实践经验，对教学的内容有一定的感性认识后，才进行"操作研究"，教学 Powerpoint 2010 和 Flash 8.0 的理论。理论因为有实践作根基，所以，学生获得的知识和技能才更牢固。

教师自己制作课件，是没有课件脚本的，要自己分析教学的内容，研究制作的方案，设计制作的过程。分析教学内容，提出制作方案，虽然不属于 Powerpoint 2010 和 Flash 8.0 的范畴，但是，要求教师必须要会。如果教师不会分析教学内容，没有制作课件的思路，不知道从哪里下手，那么她是制作不出来具有个人知识产权的课件的。所以，作为数字时代的幼儿教师，应该掌握分析教学内容的方法，具有独立设计课件的能力。为了培养学生分析教学内容、设计教学课件的能力，我们在出示每个"任务"以后，都有一个"任务分析"，有些操作程序中也穿插有一些制作分析。给学生做一些示范，抛砖引玉。

考虑到幼儿师范学生的认知特点，我们尽可能回避那些抽象且难于理解的专业术语，采用通俗的语言介绍 Powerpoint 2010 和 Flash 8.0 的内容。

为了便于学生自学，我们在写作的时候，总是假定读者面前有一台计算机，我们和读者面对面地交流。

本书的编写，借鉴了一些同类资料。在此对被借鉴资料的作者一并表示感谢。

编者

2016.6.1

目　录

第一篇　课件制作的基础知识

第二篇　用 Powerpoint 2010 制作课件

第三篇　用 Flash 8.0 制作课件

第一篇

课件制作的基础知识

第一章　课件的概念

【学习指导】

（1）要弄清楚什么是课件？

（2）课件是怎样分类的？

（3）课件是由哪些元素组成的？

（4）课件的结构由哪几部分组成？

（5）开发课件常用工具有哪些？

一、课件的定义

老师使用计算机教学，通过大屏幕，把与教学内容相关的图片、视频、电影、文字等展示给学生，如图 1.1 所示。这样的教学叫作计算机辅助教学，也叫作使用课件教学。

图 1.1

在教学之前，教师要在钻研教材、了解学生、熟悉课程标准的情况下写出教案，根据教案组织与教学内容相关的材料，借助于媒体开发工具和一个可以服务于教学的软件，把这个软件安装在用来教学的计算机里，计算机再连接着大屏幕。上课的时候，老师在计算机里操控这个服务于教学的软件，大屏幕上就会出现软件里的内容。我们在大屏幕上看到的内容，其实就是那个服务于教学的软件里的内容。这个服务于教学的软件，就叫作课件。

课件，是服务于教学的软件的简称。它有两个要素，第一，用计算机制作的软件；第二，作用是服务于课堂教学的。满足这两个条件的是课件，不完全满足这两个条件的不是课件。例如，幼儿园教《语言》课的教师给小朋友讲《小红帽》的故事，事先把有些场景照片使用 Powerpoint 按照一定的顺序排列起来，做成一个软件，上课的时候，根据故事情节的发展播放不同的场景。这软件就是一个课件。还有，教育行政部门组织幼儿园教师考试，事先制作了一个考试软件，让老师们通过计算机进行考试。这个软件也是课件。但是，上课用的录音带和考试用的纸质试卷就不是课件。

课件的定义有狭义和广义之分。狭义的课件仅指服务于课堂教学的计算机软件。广义的课件指用于传授知识，巩固知识的计算机软件。狭义的课件局限于课堂之上，广义的课件不仅包含课堂教学的软件，也包含课堂之外的教育软件。比如，金山打字游戏是一种练习打字的软件，可以在课堂上使用，也可以回到家里在自家的计算机上使用，因此，它是广义的课件。还有网络上的汽车考试科目一试题，可以组织学员在教室里学习，学员也可以回家找一台计算机自己学习，所以，它也是一款广义的课件。我们这里所说的课件，若没有特殊说明，泛指狭义的课件。

二、课件的分类

课件有多个分类标准。按照不同的分类标准，可以把课件分成不同的类别。根据课件中媒体的多少，可以把课件分为单媒体课件和多媒体课件。只有一种媒体的课件，叫作单媒体课件。包含有两种或两种以上媒体的课件，叫作多媒体课件。比如说，只有文字的考试软件，就是单媒体课件；既有文字，还有声音、图片等元素的课件是多媒体课件。在 Windows 操作系统没有出现之前的课件，大部分是单媒体课件，现在的课件多是多媒体课件。本书中，我们教给大家制作的是多媒体课件。

按照课件的用途，可以把课件分为教学课件和说课课件。以传授知识为目的制作的课件叫作教学课件。为说课服务的课件叫作说课课件。教学课件与说课课件不同，教学课件展示的是教学内容，说课课件不但要展示教学的内容，还要展示教学的依据。说白了，教学课件只回答怎样教的问题；说课课件不但要回答怎样教，还要回答为什么要这样教的问题。本书中，我们主要讲授教学课件的制作。

按照教学对象的不同，可以把课件分为幼儿园课件、小学课件、初中课件、高中课件、大学课件等几类。

根据教学内容可以把课件分为语言课件、科学课件、艺术课件、数学课件、语文课件、英语课件、物理课件、手工课件等。本书中我们主要传授与幼儿教育相关联的课件的制作方法。

三、课件的元素

回想一下我们看过的课件就会发现，课件是由一些图片、声音、视频、文字、色彩、动画、页面、控制对象的按钮组成的。当然，这些元素都是与教学的内容相关联的。制作课件，其实就是根据教学的需要找来一些图片、声音、视频、文字、色彩、动画等元素，把它们按照教学的先后顺序和层次摆放起来。如果找不到这些元素，也可以自己动手制作。

四、课件的结构

课件一般由三部分组成，即封页、主页和尾页。

封页：课前播放的页面。包含课题、版本、作者、赏心悦目的图片、优美动听的音乐，力争创造一个宽松愉快的教学情景，如图1.2所示。

图 1.2

主页：讲课时播放的页面。一般有复习、导入、新授、练习、小结等教学内容。究竟应该有哪些内容，要因教学的方法而定。不同的教学方法，应有不同的页面。譬如，如果用问题教学法教学，那么主页部分就由提出问题、分析问题和解决问题三大部分构成。

尾页：下课后播放的页面。包含致谢、工作人员、背景音乐、图片。目的是使听众回味无穷，如图1.3所示。

图 1.3

五、课件的开发工具

从本质上讲，制作课件和我们在家里炒菜没有本质的区别，都是在做一件事情，只不过炒菜的成果是一盘熟菜，而制作课件的成果是一个教学软件而已。制作课件是需要工具的，能够用来制作课件的工具很多，常用工具有：

（1）Powerpoint 2010（处理文字的功能强大）

（2）Flash 8.0、Flash 2004（处理动画的功能强大）

（3）Athorware （交互功能强大）

（4）3DMX（主要制作三维动画）

（5）方正奥思（早期国产课件制作软件）

（6）蒙泰瑶光（中期国产课件制作软件，动画效果好）

（7）课件风暴（晚期国产课件制作软件，制作动画的功能强大）

我们这里教学的是如何用 Powerpoint 2010 和 Flash 8.0 制作课件。

第二篇

用 Powerpoint 2010 制作课件

第二章 Powerpoint 2010 的基本操作

Powerpoint 有多个版本，当前比较流行的是 Powerpoint 2003，刚刚兴起的是 Powerpoint 2010。Powerpoint 2010 与 Powerpoint 2003 相比较，不但功能强大了许多，而且界面更加美观、实用。本章将通过一些制作课件的案例来详细介绍 Powerpoint 2010 的功能、使用方法和制作课件的一些小技巧。

制作课件，肯定要使用到 Powerpoint 2010 中的菜单、命令、按钮等工具。学习制作一个具体的课件，自然要先了解 Powerpoint 2010 软件各部分的功能，各种菜单和工具的特点以及使用方法。学习制作一个具体的课件，其实就是在研究和学习 Powerpoint 2010 这个软件，只不过是以制作课件为主线来学习罢了。为了使读者在理论层面对这个软件有所了解，每个课件制作案例的后面，都有"理论升华"。先感性后理性是人们认识事物的一般规律。鉴于此，我们建议读者在学习的时候，先对照案例介绍的操作方法在计算机上操作，获得一些感性认识，再去读"理论升华"，然后模仿制作课件或者创新制作课件。

第一节 我的幼儿师范生活

【编写意图】

通过让学生制作"我的幼儿师范生活"电子相册，达到以下目的：
（1）掌握 Powerpoint 2010 的打开方法；
（2）认识 Powerpoint 2010 的窗口；
（3）会新建 Powerpoint 2010 文档和插入新幻灯片；
（4）明确背景的概念，了解背景的设置方法，会按照要求设置幻灯片的背景；
（5）会删除文本框和给文本框添加底色。
其中，让学生学会设置幻灯片的背景是重点要掌握的。

扫一扫

我的幼儿师范生活

【教学任务】

某个学生意欲把自己在幼儿师范学校的生活和学习情况制作成一个电子相册发送给自己初中的同学和父母。我们的任务是帮助她制作这个电子相册。

【素材】

已经把该生在幼儿师范的生活和学习照片，以及"难忘今宵"的音乐放在 E 盘下"二年级信息技术素材"文件夹里。

【任务分析】

不论制作什么东西都需要工具。制作电子相册的工具有多种，如影楼电子相册制作系统、佳影 MTV 电子相册软件、艾奇电子相册软件，还有 Powerpoint。虽然 Powerpoint 不是专业的电子相册制作软件，但是它操作简单，效果也不错，重要的是它有强大的文字和图片演示功能，是我们开发幼儿园课堂教学软件的好工具。因此，我们在这里选用 Powerpoint 2010 来制作电子相册。

要使用 Powerpoint 2010 制作电子相册，首先要打开这个软件，把相片放入 Powerpoint 2010 里，然后，才能做进一步的加工。

【制作方法】

1. 打开 Powerpoint 2010

方法一：菜单法。

选择"开始"菜单→点击"程序"→Microsoft Office→Microsoft Office Powerpoint 2010。如图 2.1 所示。

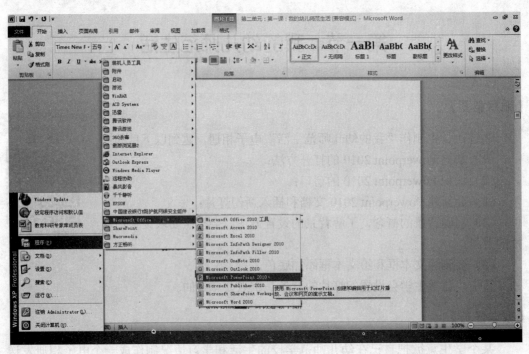

图 2.1

方法二：图标法。

双击桌面上 Microsoft office Powerpoint 2010 图标，可以看到如图 2.2 所示的界面。

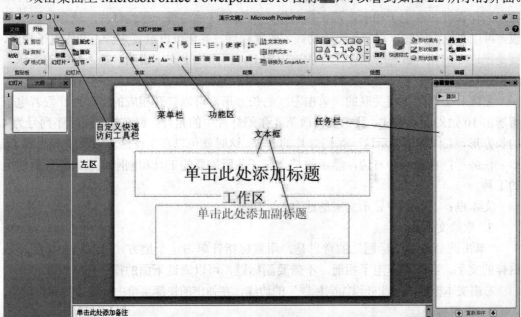

图 2.2

2. 认识 Powerpoint 2010 窗口

下面介绍图 2.2 中界面的各功能模块。

自定义快速访问工具栏：位于窗口的最上边，由使用者自己定义。单击它后面的"倒三角"，可以添加选项。如图 2.3 所示。

菜单栏：在"自定义快速访问工具栏"下边，有文件、开始、插入、设计、切换、动画、幻灯片放映、审阅、视图等菜单。

功能区：在菜单栏的下边，与菜单栏紧挨处，用来展示菜单中的工具。单击某个菜单，便展示这个菜单里的工具。如单击"插入"菜单，那么这里就会展示出"插入"菜单的工具。当然，如果单击"审阅"，那么这里将展示的是"审阅"菜单下的工具。其实，功能区就是菜单的展开。

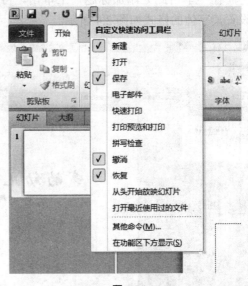

图 2.3

左区：位于窗口的左边，是一个竖立的长方形，其中有一些标注着序列号的长方形。一个课件或者电子相册，往往由多张幻灯片按照一定的顺序组成。左区显示的就是课件或者电子相册中幻灯片的排列情况，每一个长方形代表一个幻灯片，长方形上的序号标识幻灯片的展示顺序。如果课件由 5 张幻灯片组成，那么左区就有 5 个长方形。第一个要展示的幻灯片的序号是 1，第二个要展示的幻灯片的序号是 2，其他以此类推。

工作区：即窗口中间较大的白色长方形。相当于一张被打开的、等待制作的幻灯片。我们制作课件或者电子相册，其实是制作一张张幻灯片。每一张幻灯片，就像一张玻璃板，可以在上面画画、写字、添加动画、放置视频，甚至可以放置声音。制作电子相册，就是把选定的相片放在一张张这样的玻璃板上，再添加上文字说明，插入好听的音乐。这样的长方形，也可以理解为制作课件和电子相册的场地。所以，有人把它叫作工作区。

左区和工作区是相关联的。单击左区的长方形，可以打开相应的幻灯片。假若电子相册由 10 张幻灯片组成，我们要修改第 4 张幻灯片中的相片，那么单击左区序列号为 4 的长方形，工作区便显示这一张幻灯片的内容。这时就可以在工作区修改其中的内容了。

任务栏：在窗口的右边，显示的是当前任务所需要的工具和刚刚完成的任务所使用的工具。

文本框：工作区中显示文字的地方。

3．删除文本框

"单击此处添加副标题"的意思是，用鼠标指针单击这个地方，可以添加像副标题这样的文字。我们制作电子相册，不需要副标题，可以通过下面的操作把它删除掉。

右击文本框"单击此处添加副标题"的边线，在弹出的快捷菜单中选择"剪切"。

4．设置标题

电子相册的第一页，要有醒目的标题，用来说明电子相册的内容。我们在第一张幻灯片上输入标题"我的幼儿师范生活"。

在"单击此处添加标题"上单击，可见光标闪动→输入"我的幼儿师范生活"→设置其字体的格式如图 2.4 所示。

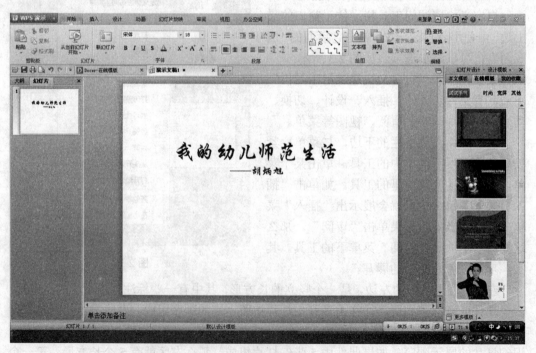

图 2.4

5. 制作 9 张和第一张幻灯片一样的幻灯片

单击"开始"菜单→单击功能区"新建幻灯片"下面的倒三角→选择"复制所选幻灯片"。

可见在左区多了一张幻灯片。如此重复操作添加至有 10 张幻灯片。

6. 把第一张幻灯片的背景设置为"红黄渐变"

在左区单击序号为 1 的幻灯片→在工作区的空白处单击鼠标右键→在弹出的快捷菜单中选择"设置背景格式"命令→在打开的对话框里点选"渐变填充"→单击"渐变光圈"下左边的"⇩"，单击"颜色"桶，选择"红色"→单击"渐变光圈"下右边的"⇩"，单击"颜色"桶，选择"黄色"→单击"类型"二字后面的倒三角，选择一种类型→单击"关闭"按钮。如图 2.5 所示。

图 2.5

7. 把第 2 张幻灯片的背景设置为该生在幼儿师范学习和生活的照片，并做简单的文字说明

单击左区序列号为 2 的幻灯片，在工作区展示这张幻灯片→在工作区的空白处单击鼠标右键→选择"设置背景格式"命令→选择"图片或者纹理填充"→单击"文件…"按钮→找到要展示的照片（我的电脑\E 盘\二年级信息技术素材\第二章，第一节）→选择"广播操比赛"照片→单击"插入"按钮→单击"关闭"按钮。

下面把原来的标题"我的幼儿师范生活"改成这幅照片的说明"我们做操"。但是照片中的人物穿的是黑色的衣服，标题的颜色也是黑色的，这样会看不清标题。所以，要改变标题文字的颜色。比如：红色。

8. 把文字修改为"我们做操"

单击标题文本框→用"抹黑"的方法选中文字→输入"我们做操"→选中文字→在"开始"菜单下的工具栏里单击"字体颜色"按钮后面的倒三角→选择红色→把鼠标指针放在文本框上并拖动文本框，把文本框放到图片的上边。如图 2.6 所示。

图 2.6

想一想：怎样把第 3 张幻灯片的背景也换成该生在幼儿师范活动中的照片？

如法炮制，把第 3～9 张幻灯片的背景都换成这个学生在幼儿师范学校里生活和学习的照片，并修改标题为照片的简单说明。

9. 把最后一张幻灯片的背景设置成"布纹"纹理，并把文本框里的内容修改成"谢谢观看！多提宝贵意见！"

在左区中单击序号为 10 的幻灯片→在工作区的空白处单击鼠标右键→在弹出的快捷菜单中选择"设置背景格式"→选择"图片或者纹理填充"→单击"纹理"后的倒三角→选择一种"布纹"→单击"关闭"。

选中文字，将其修改为"谢谢观看！多提宝贵意见！"。

10. 幻灯片切换

从一张幻灯片跳转到另一张幻灯片的过程，叫作幻灯片的切换。设置每一张幻灯片都是每隔 3 秒钟、中速、自动立方体展开。

单击"切换"菜单→在打开的功能区单击"立方体"图标→单击"效果选项"按钮→选择一种效果→勾选"自动切换片时间"，调节"增值"按钮，把时间调整为"00：03：00"→单击"全部应用"按钮。

11. 插入背景音乐

把那英的"春暖花开"作为这个电子相册的背景音乐。既然是背景音乐，那就要从电子相册的开头开始。所以，要把它放到第一张幻灯片里。

单击左区中的第一张幻灯片→单击菜单栏中的"插入"→在工具栏里单击"声音"按钮→找到声音文件"春暖花开"（我的电脑\E 盘\二年级信息技术素材\第二章，第一节\春暖花开），选择该文件，再单击"确定"按钮。

选择菜单栏"动画"下拉菜单中的"动画窗格"命令→单击任务栏"春暖花开"后

面的倒三角→选择"效果选项"→在打开的对话框里，单击"效果"选项卡→在"开始播放"下选择"从头开始"，在"停止播放"下选择"在 10 张幻灯片之后"→单击"确定"按钮。

【理性升华】

1. 演示文稿的概念

使用 Powerpoint 2010 开发的计算机产品都叫演示文稿。其中包含使用它制作的课件和电子相册等。

2. "开始"菜单

"开始"菜单下放置的是制作演示文稿的最基本的工具。这一节用到了其中的"新幻灯片"按钮和文字格式工具。在后面将有一个专题研究它。

3. "新建幻灯片"按钮

新建幻灯片按钮是添加新幻灯片的工具，使用它可以添加全新的幻灯片，也可以复制幻灯片。单击它下面的倒三角，选择一种版式，即添加一个新的幻灯片。选择"复制所选幻灯片"，将在所选幻灯片的后面添加一张与选中的幻灯片一样的幻灯片。添加的新幻灯片和所选择的幻灯片背景一样，但前景不一样。复制的幻灯片和所选择的幻灯片背景、前景完全一样。

制作的课件，如果幻灯片的结构相同，那么可以先制作出一张幻灯片，然后，用复制幻灯片的方法，做出其他幻灯片，得到一系列结构一样的幻灯片。再根据教学的需要，添加不同的内容。这样制作课件，不但速度快，而且质量高。

插入新幻灯片和复制幻灯片，一般分两个步骤进行，第一步：选择插入的位置，可以通过单击左区中的幻灯片来确定。第二步：新建或者复制幻灯片。插入的新幻灯片和复制出的幻灯片，紧挨在被选中的幻灯片后面。例如，如果在左区中选中了第 5 张幻灯片，那么插入的新幻灯片和复制出的幻灯片，在它的后面，是第 6 张幻灯片。

4. 背景

演示文稿俗称幻灯片，幻灯片有背景和前景。放置在最底层，用来烘托场景的图片、颜色、纹理、图案叫作背景。放置在背景前面的文字、动画、视频、图片等叫作前景。这一课，主要讲解背景的设置。

方法一：右击法。

右键单击工作区的空白处→在弹出的快捷菜单中选择"设置背景格式"命令，打开"设置背景格式"对话框。如图 2.7 所示。

选择背景之后，如果单击"关闭"按钮，则只在选中的幻灯片上使用这个背景。如果单击"全部应用"按钮，那么每一张幻灯片都使用这个背景。

方法二：按钮法。

单击"设计"菜单→再单击工具栏右端的"背景样式"→选择"设置背景格式"。

方法三：小箭头法。

单击"设计"菜单→再单击工具栏右端的"背景"后边的小箭头。

图 2.7

5. 填充效果

"填充效果"对话框包括四个重要的选项：纯色填充、渐变填充、图片或纹理填充、图案填充。如图 2.8 所示。

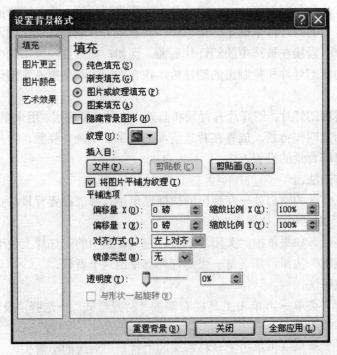

图 2.8

纯色填充：使用这个选项卡可以把背景设置成一种颜色。

渐变填充：使用这个选项卡可以把背景设置为几种颜色的过渡效果。

纹理填充：使用这个选项卡可以把背景设置成布纹、大理石等材料的纹理效果。

图案填充：使用这个选项卡可以把背景设置为图案效果。

图片填充：使用这个选项卡可以把背景设置为一些图片。比如在幼儿师范的学习、生活照片。当然，也可以是幼儿园教学所要展示的图片。

6. 左区与工作区的关系

左区和工作区相辅相成密不可分。左区是演示文稿的结构图，表明演示文稿是由哪些幻灯片组成的，谁在先、谁在后，以及每张幻灯片上的内容。只可以看，但不能够在此修改。工作区展示的是幻灯片里的内容，不仅可以看，还可以在这里修改。单击左区的幻灯片，可以在工作区将其打开。若意欲加工某张幻灯片，可以通过左区打开它。

另外，在左区可以对整张幻灯片进行操作。比如复制整张幻灯片、删除整张幻灯片、移动幻灯片的位置或者改变幻灯片的播放顺序。

7. 幻灯片的切换

演示文稿往往由多张幻灯片组成，从一张幻灯片跳转到下一张幻灯片的过程，叫作幻灯片的切换。

幻灯片的切换包含切换的效果、时间、方式、应用范围等。

效果：软件开发商为用户提供了多种切换效果，有百叶窗、翻转、库、立方体、窗等。可以在切换菜单下的功能区直接选择，再在"效果"选项中进一步选择。如图 2.9所示。

图2.9

时间：时间的长短，决定着切换速度的快慢。时间长，则切换得慢；时间短，则切换得快。速度分为快速、中速、慢速。

切换方式：切换方式有单击鼠标切换和定时切换两种。"单击鼠标时"，是在单击鼠标的时候开始切换。定时切换，是按照预定的时间进行切换。比如"设置自动换片时间"后面是 00：05：00，那就是说，当上一张幻灯片出现 5 秒后，自动切换到下一张幻灯片。

应用范围：如果选择"应用于所有幻灯片"，那么所有的幻灯片切换时将是同一种效果。如果不选择这一项，那么仅对选中的幻灯片使用这种效果。

8. "插入"菜单

"插入"菜单包含很多内容，如插入表格、图像、插图、链接、文本、符号、媒体等。这一节，使用插入"媒体"中的插入"声音"。其他内容的插入，将在以后一一介绍。

图 2.10

插入声音的基本方法：

第一步：确定插入的位置。即指明在哪一张幻灯片中插入。方法是在左区单击要插入声音的幻灯片，然后单击工作区。比如，在第一张幻灯片插入声音。那么就要先在左区单击第一张幻灯片，再在工作区单击一下。

第二步：插入声音。即把要插入的声音放到既定的幻灯片里。方法是单击"插入"菜单，选择"声音"按钮，打开要插入的声音。

第三步：设置声音的播放方式。播放演示文稿的时候，可能要展示多个对象，那么声音与其他对象谁先播放？谁后播放？播放几次？是一开始播放幻灯片就播放声音还是停一段时间再播放声音？这些都需要设定。

选择工作区表示声音的小喇叭，单击"动画"按钮，打开其功能区。在动画的功能区单击"动画窗格"，在任务栏显示声音动画的信息。单击声音文件后面的倒三角，选择"效果选项"，可以打开"播放音频"对话框。在这里可以对声音做全面的设置。如图 2.11 所示。

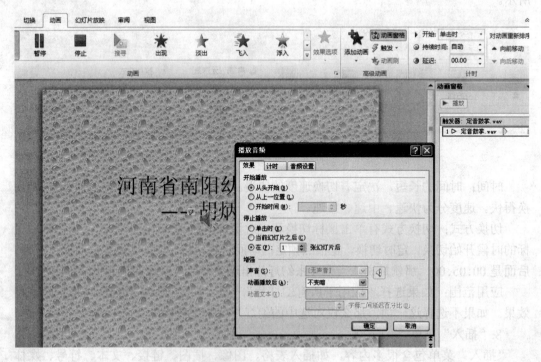

图 2.11

第二节　龟兔赛跑

【编写意图】

（1）通过复习巩固背景、切换的设置方法，使读者进一步认识和掌握背景的设置方法和幻灯片的切换方法。

扫一扫

龟兔赛跑

（2）介绍"设计"菜单，使读者在认识背景设置的基础上，了解模板的使用方法，全面理解"设计"菜单。

（3）介绍"插入"菜单，图片和文本框的插入方法，使读者初步了解"插入"菜单。

（4）介绍图片处理的初步知识。

（5）介绍"动画"菜单和动画效果的基本设置方法，使读者学会如何对图片对象做一些简单的设置。

【学习指导】

本节共有 9 个小任务，其中第 6、8、9 个任务是学习的重点，要着重对待，尽可能按照操作程序，亲手做一做，播放一下，看看制作的效果，体会各个选项的含义。其他任务了解其操作方法就可以了。

【总任务】

为教学《龟兔赛跑》制作一个课件。

【任务内容】

龟兔赛跑这个故事，说的是在草原上住着一只兔子和一只乌龟，它们经常在一起玩耍。有一天，兔子对乌龟说："我们进行一场长跑比赛吧，看谁能够最先到达终点"。比赛开始，兔子捷足先登，乌龟反应得比较慢，晚起步几秒钟。兔子跑了一阵，回头没有看见乌龟的影子，想着乌龟离自己远着呢，睡会儿再跑也能够得第一，便倒在前进的路上睡着了。乌龟坚持不懈，一个劲地向前走，从熟睡的兔子身边慢慢走过。当兔子醒来，赶到终点的时候，乌龟已经越过了终点线，正在接受小动物们的热烈祝贺。

【任务分析】

通常，课件的最前面有一个页面不是教学的内容，而是与教学相关的信息，包含课题、主讲人、图片、音乐等，这个页面叫封页。课件播放结束后，要对学生和听课的教师致谢。所以，课件的最后一页叫尾页。这两页中间的页面是教学的内容，由多个页面组成，即课件的主页。

对这一节来说，课件的主页就是《龟兔赛跑》的故事。故事很少用一个页面表示，这个故事可以分成如下几个部分，第一部分：草原上住着兔子和乌龟；第二部分：龟兔赛跑，兔子捷足先登；第三部分：兔子看不到乌龟中途睡觉去了，乌龟超过了兔子；第四部分：小动物祝贺乌龟获得比赛的第一名。每个部分可以用一个页面表示。因此，这个课件需要用 6 张幻灯片表示。

主页的背景是草原，主角是兔子和乌龟，配角是其他小动物。所以，制作这个课件至少需要准备一幅草原图片、一张兔子图片，一张乌龟图片。最好准备一些兔子、乌龟和其他小动物的 gif 动画。我们把这些素材准备好放在"E:\二年级信息技术素材\第二章，第二节"文件夹下。

【课件结构】

第一张：教学信息："童话故事""龟兔赛跑""主讲：××幼儿师范×××。"

第二张：草原上住着一个乌龟和一只兔子，它们经常在一起玩耍。有一天，它们决定进行一次长跑比赛。

第三张：兔子捷足先登，比乌龟起步早，并且跑得快，很快就跑得无影无踪。

第四张：兔子朝后面看了看，不见乌龟的影子，心想：乌龟爬得慢，我睡一会儿也能得第一，何必赶这么紧。于是，便在一棵大树下睡着了。乌龟坚持不懈，悄悄从兔子身边爬过去。

第五张：乌龟爬过了终点线，受到小动物们的热烈祝贺。兔子看到大家都在为乌龟祝贺，傻了眼。

【任务分解】

任务 1：把第一张幻灯片的版式设置为"空白"，即做一张空白幻灯片。

操作方法：单击"开始"菜单→在功能区单击"版式"按钮→选择"空白"。如图 2.12 所示。

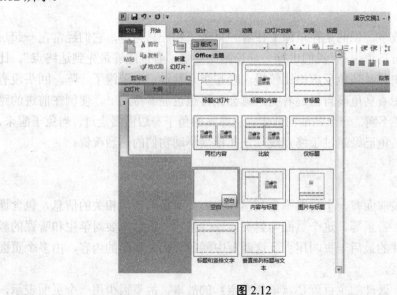

图 2.12

任务 2：在第一张幻灯片后面，添加 5 张空白幻灯片。效果如图 2.13 所示。

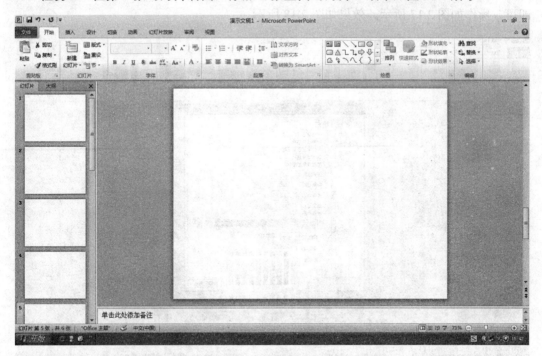

图 2.13

操作方法：

方法一：在左区单击第一张幻灯片→在"开始"菜单的功能区，单击"新建幻灯片"按钮→选择"空白"幻灯片。

方法二：在选中一张空白幻灯片的前提下，按住 Ctrl 键，再敲击 M 键。

任务 3：把所有幻灯片的背景都设置为"上白下绿"渐变。

操作方法：打开任意一张幻灯片（在左区单击任意一张幻灯片）→单击"设计"菜单→在"设计"菜单功能区的右端，单击"背景样式"→单击"设置背景格式"→在打开的"设置背景格式"对话框里点选"渐变填充"→单击"渐变光圈"下左边的"位置"按钮"↓"，单击下面的"填充"小桶，选择"白色"→单击"渐变光圈"下右边的"位置"按钮"↓"，单击下面的"填充"小桶，选择"绿色"（如图 2.14 所示）→单击"全部应用"按钮→最后单击"关闭"按钮。效果如图 2.15 所示。

任务 4：把第 2、3、4、5 张幻灯片的背景设置为草原。

操作方法：选中第二张幻灯片→单击"设计"菜单→在"设计"菜单功能区的右端，单击"背景"右边的箭头→单击"图片或纹理填充"→单击"文件…"按钮→选择图片"草原 2"（E:\二年级信息技术素材\第二章，第二节）→最后单击"关闭"按钮。效果如图 2.16 所示。第 3、4、5 张幻灯片设置背景的方法与此相同。也可以用复制幻灯片的方法，把第 3、4、5 张幻灯片的背景也设置成这样的图片。

任务 5：给第一张和最后一张幻灯片加载模板。

操作方法：在左区选中第一张幻灯片→单击"设计"菜单→在打开的功能区中选中

一个模板，在模板处单击鼠标的右键→在弹出的快捷菜单中选择"应用于选定幻灯片"即可。操作如图 2.17 所示。效果如图 2.18 所示。

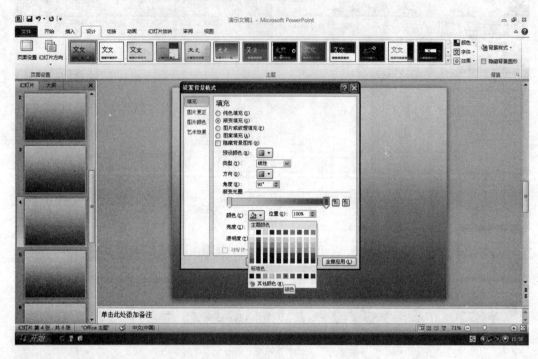

图 2.14

图 2.15

图 2.16

图 2.17

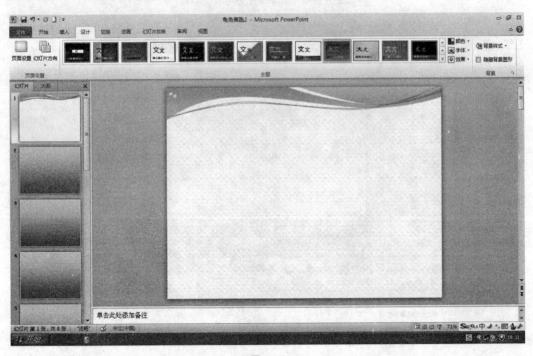

图 2.18

如法炮制，给最后一张幻灯片加载模板。

任务 6：在第 2、3、4、5 张幻灯片上插入乌龟、兔子和其他小动物。要求在第 2 张幻灯片插入静态的乌龟和兔子，在 3、4、5 张幻灯片插入动态的乌龟和兔子，在第 5 张幻灯片还要插入一些动态的小动物。

下面以在第二张幻灯片插入图片"E:\二年级信息技术素材\第二章，第二节\小兔子 8"为例，说明插入图片的方法。

操作方法：单击左区中第二张幻灯片→单击"插入"菜单→在功能区单击"图片"→"E:\二年级信息技术素材\第二章，第二节\小兔子 8"→单击"插入"按钮。

如法炮制，在第二张幻灯片插入图片"乌龟 6"。

图 2.19

仿照此操作，在第 3、4、5 张幻灯片插入"E:\二年级信息技术素材\第二章，第二节\乌龟跑、奔跑的兔子"，在第 5 张幻灯片插入"E:\二年级信息技术素材\第二章，第二节\猴子看比赛、松鼠两只、跳跃的鸟"。

任务 7：在第五张幻灯片画一条红线，作为比赛的终点线。

操作方法：打开第五张幻灯片→单击"开始"菜单→选择绘图中的"直线"工具→在工作区拖动鼠标画出一条直线→单击"形状轮廓"按钮→在标准色中选择"红色"。

任务 8：把图片移动到合适的位置，并去掉图片的背景，改变图片的方向和大小。

以第二张幻灯片中的小兔子为例。把小兔子移动到工作区的左下角，适当压缩，去掉它的蓝色背景，把它的方向调整为朝右。

操作方法：打开第二张幻灯片→单击兔子图片→拖动兔子到工作区的左下角→鼠标指针放到"圆形控制点"上拖动，压缩图片→鼠标指针在左边的方形控制点上拖动，把兔子由朝左站立改为朝右站立→双击兔子图片，打开"图片工具格式功能区"→单击功能区中"颜色"按钮→选择"设置透明色"→再单击兔子图片。

相仿的，加工其他图片。

任务 9：在第三张幻灯片，设置兔子和乌龟从幻灯片中走过。鼠标单击时，兔子进入屏幕，用 8 秒钟时间通过屏幕；乌龟完全进入用 2 秒钟，用 20 秒的时间通过屏幕。

操作方法：打开第三张幻灯片。把兔子和乌龟动画放到工作区外的右下角。

单击兔子→单击"动画"菜单→选择"飞入"效果→单击"效果选项"→选择"自左侧"→在功能区"开始"后面选择"单击时"→把"持续时间"的参数修改成"08：00"。

单击乌龟→单击"动画"菜单→选择"飞入"效果→单击"效果选项"→选择"自左侧"→在功能区"开始"后面选择"与上一动画同时"→把"持续时间"的参数修改成"20：00"→把"延迟"的参数修改成"02：00"。

想一想：

①欲使第四张幻灯片在打开之后，乌龟从屏幕的左下角进入，经过 20 秒钟从屏幕的右下角走出。应该怎样设置这个动画？

②欲使第五张幻灯片在打开之后，单击鼠标，乌龟从屏幕的左下角进入，走过红线停止。乌龟停止前进后，兔子和小动物同时进入屏幕。应该怎样设置这些动画？

【理论升华】

1. 幻灯片的版式

幻灯片的版式，即幻灯片的布局。一张幻灯片上，可能要放置许多对象，如声音、图片、动画、文字、视频等。那么把这些对象放到页面的哪个位置，占据多大的空间为好呢？这就是幻灯片版式要解决的问题。为了方便人们使用 Office Powerpoint 2010，软件的开发商设计了一些常用的版式，放置在"开始"菜单功能区的左边。单击"版式"按钮，可以打开存放版式的仓库，供用户随意选择。

2. 插入新幻灯片

插入新幻灯片有两种方法，一种是使用"新建幻灯片"按钮，一种用快捷键"Ctrl+M"。使用方法一，需要选择版式；使用方法二，不需要选择版式，默认的是创建和已经选中的幻灯片一样的背景和版式。操作程序如下：

定位（即决定在哪里插入幻灯片）→插入。

插入的新幻灯片在选中的幻灯片之后，紧挨着选中的幻灯片。例如，在左区选择的是第4张幻灯片，那么，插入的新幻灯片就在它的后面，是第5张幻灯片。

3. 模板与背景

从上面的操作可以看出，加载模板后，不但幻灯片的背景变了，而且有图形出现。这说明，背景和模板是不一样的。

模板是固定的幻灯片结构，通常包含三个要素：幻灯片的颜色，幻灯片中文字的格式和幻灯片的效果。单击"设计"功能区的"颜色"按钮，可以设置幻灯片的颜色。单击"设计"功能区的"字体"按钮，可以设定幻灯片的字体。单击"设计"功能区的"效果"按钮，可以设定幻灯片的效果。比如，单击"设计"功能区的"字体"按钮，选择"隶书"。那么只要采用这个模板，输入的汉字都是隶书，而且文字的颜色是自动设定的。

4. 图片的插入

插入图片分两步，第一步要先指定插入的位置，第二步再插入图片。具体操作流程如下：

在左区中单击要插入图片的幻灯片→单击"插入"菜单→单击"插入"菜单功能区的"图片"按钮→选择要插入的图片→单击"插入"按钮。

这里所说的图片，不仅指静态的图片，也包括 gif 动画。比如"兔子奔跑"和"乌龟跑"这样的动画。

5. 图片的基本操作

图片的基本操作包括：移动图片的位置、改变图片的方向、变换图片的大小。操作的程序是先选中要加工的图片，然后，做进一步的加工。

移动图片位置的方法：鼠标指针放到图片上呈带箭头的十字后，拖动图片至目标位置。

变换图片大小的方法：鼠标指针放到"空心圆形控制点"上，呈双向箭头时拖动，可以等比例改变图片的大小。鼠标指针放到"空心方形控制点"上，呈双向箭头时拖动，可以改变图片的高度或宽度。

改变图片的方向：拖动"空心方形控制点"或者把鼠标指针放到"绿色圆形控制点"上，呈"弧形箭头"时拖动。

6. 动画的基本设置

动画的设置，即设置对象的动画效果。比如，让小兔子或者乌龟从屏幕的左下角飞入。也可以设置文字、视频、gif 动画的动画。

动画的设置分基本设置和高级设置，这里主要介绍动画的基本设置。动画的基本设置包括动画对象的进入方式，运动的时间，启动动画的方法，启动动画的时间和动画的排列顺序。任务 8 "在第三张幻灯片，设置兔子和乌龟从幻灯片中走过。鼠标单击时，兔子进入屏幕，用 8 秒钟时间通过屏幕；乌龟完全进入用 2 秒钟，用 20 秒的时间通过屏幕。""单击鼠标时，兔子进入屏幕。"是启动动画的时间，其中"单击鼠标"是启动动画的方法，8 秒是这个动画的时间。在后面的操作中，让兔子"飞入"，"飞入"是动画的效果。动画的基本设置工具在"动画"菜单的功能区可以直接看到。如图 2.20 所示。

图 2.20

动画效果。Powerpoint 2010 中预设了许多动画效果。如飞入、淡出、劈裂、弹跳、脉冲、跷跷板等。有些效果还有多种选项。比如飞入，就有从下飞入、从上飞入、从左飞入、从右飞入等。单击动画效果后面的倒三角，可以看到更多的动画效果。通常是先选择一种效果，然后再使用"效果选项"修改效果，使得动画效果更为理想。

"开始"选项。"开始"选项在"动画"功能区的右端，以"开始"两个字做标示，单击它后面的倒三角，会出现三个选项：单击时、与上一动画同时、上一动画之后，这是启动动画的三种方法。"单击时"，即鼠标单击时动画开始。"与上一动画同时"，就是上一个对象开始动画的同时，这个对象也开始运动。比如，在第五张幻灯片里，gif 动画猴子排列在兔子之后，启动动画的方式是"与上一动画同时"。即与上一对象兔子同时开始动画。所以，我们看到的是当兔子进入的时候，猴子也进入了屏幕。"在上一动画之后"，就是上一个对象运动结束之后，这个对象才开始运动。比如，第五张幻灯片中，兔子排列在乌龟之后，动画的启动方法是"在上一动画之后"。播放的时候，乌龟运动的时候，兔子并没有动，而是乌龟不动了，兔子才自动进入。

"持续时间"选项。这个选项在"动画"功能区的右端，指的是对象从开始运动到结束运动所用的时间。因为速度=路程/时间，所以，时间越长，对象的运动速度越慢；时间越短，对象的运动速度越快。可以单击增值按钮和减值按钮设置时间，也可以利用键盘输入的方法修改时间。

"延迟"选项。延迟，即延长时间。指的是，启动动画后，再经过的时间。如果"延迟"设置为 02：00，启动的方法是"单击时"，那么单击鼠标后等待 2 秒钟，对象才开始动画。如果"延迟"是 05：00，启动动画的方法是"单击时"，那么单击鼠标后，对象并不立即运动，而是等待 5 秒钟后才会运动。

动画对象的排列顺序。当我们给某个对象加载动画后，这个对象的左上角会出现一个序列号。序列号从 1 开始，依次是 1、2、3、……，表明动画出现的先后顺序，序列号小的对象先出现，序列号大的后出现。序列号可以重复出现。序列号一样的对象，如果没有特殊的设置，动画开始的时间相同。比如，第五张幻灯片中，兔子、猴子、跳跃的小鸟、看比赛这些对象的动画序列号是一样的，在播放影片的时候，它们同时进入屏幕。

单击对象，其序列号的底纹会由灰色变为橙色。橙色是动画对象被选中的标志。我们常根据对象动画序列号了解其在动画中的排列顺序，根据序列号底纹的颜色判断该对象是否被选中。

调整动画对象的排列顺序。调整动画对象的排列顺序是常见的操作。一般要先单击对象，使它的动画序列号底纹呈橙色，然后，单击"动画"功能区的"向前移动"按钮和"向后移动"按钮，来改变其排列顺序。

设置动画顺序的方法为：单击要设置的动画对象（选定对象）→单击"动画"菜单（展开动画的功能区）→选择一种动画效果→单击"效果选项"，选择一种效果（修改动画效果）→单击"开始"后面的倒三角，选择一种启动动画的方法→修改"持续时间"后面的参数（设定动画的速度和时间）→修改"延迟"后面的参数（设定启动动画的时间）→单击功能区右端"向前移动"和"向后移动"按钮，调整动画的排列顺序。

第三节　冰上人家

【编写意图】

（1）介绍插入菜单中的"剪贴画""形状"和"艺术字"按钮的使用方法，以及属性的修改。

（2）介绍动画的高级设置。

（3）介绍对象叠放层次的调整。

（4）希望读者通过对《冰上人家》课件的制作，掌握怎样在课件里插入剪贴画、图形、艺术字，会根据教学的需要设置它们的属性。能够让一个对象做任意路径的运动。

扫一扫

冰上人家

【课文简介】

冰上人家

深冬季节，河岸上白雪皑皑，河面上结了厚厚的冰，晶莹剔透。

住在岸边的妈妈带着自己的两个女儿和家里的大黄狗来到冰面上。把音箱放在旁边，播放着天鹅舞曲。妈妈打冰球，姐姐在冰面上走着8字，妹妹一次又一次重复着以前学习的动作，家里的大黄狗好像见到了岸上有陌生人，"汪汪汪…"地叫个不停。妹妹不但学习认真、勤奋，而且是个舞蹈天才，是家里的舞蹈之星。

小黄鹂也来凑热闹，上下飞舞一阵，停留在妈妈的上空。

冰面像一面镜子，映射着妈妈、姐姐、妹妹、大黄狗的影子，美丽极了！

【任务】

根据这段文字设计制作一个简单的课件。

【任务分析】

课文描绘的是一家人在冰面上活动的情况，因为不需要切换场景，所以，可以使用一张幻灯片来表现课文。作为课件，还应该有封页和尾页。所以，这个课件可以用三张幻灯片来表现。第一张幻灯片呈现教学内容和主讲人的主要信息，第二张幻灯片表现课文，第三张幻灯片致谢。

　　课件要表现课文内容。课文中有妈妈、姐姐、妹妹、大黄狗、黄鹂、音箱、冰面等。因此，课件的主页应该有这些对象。可以把冰面图片作为背景图，其他对象作为前景图。当然，在制作课件之前要把这些素材找到，集中放在一起，以便于使用。我们把找到的素材放在"E:\信息技术\第二章，第二节"的文件夹下。

【任务分解】

　　首先要制作封页。封页是课前播放的内容，起着烘托课堂教学的作用。可以用冰天雪地作为背景，使学生在没有上课之前就能够感受到冬天的气息，融入即将教学的情景之中。可以用动态的艺术字做标题，这样既可以吸引学生的眼球，也可以使学生或者听课的老师对教学内容有一个大致的认识。当然也要输入主讲人的信息。

　　任务 1：在第一张幻灯片，把背景设为冰雪图片，输入艺术字课题"冰上人家"，主讲人的信息"××幼儿园×××"。标题设置为与幻灯片同时开始动画，效果为"缩放"，动画在幻灯片结束时停止。主讲人信息与标题同时动画，效果为"波浪"，动画持续到幻灯片结束。

　　操作方法：

　　1. 设置背景

　　打开第一张幻灯片，把"E:\信息技术\第二章，第三节，冰上人家\冰湖 1"设置为背景。

　　2. 插入艺术字

　　单击"插入"菜单→单击"艺术字"按钮→选中标示为"塑料棱台，映像"的艺术字 A→输入"冰上人家"。

　　3. 插入文本框

　　单击"插入"菜单→单击"文本框"按钮→选中"横排文本框"→在标题下面拖放出一个文本框，输入"××幼儿园×××"。

　　4. 艺术字动画设置

　　选中艺术字"冰上人家"→单击"动画"菜单→单击"添加动画"按钮→选中"强调"项目里的"放大/缩小"选项→单击功能区"效果选项"→选中"水平"选项→单击功能区"开始：与上一动画同时"→单击功能区"动画窗格"→在任务栏"动画窗格"内单击"冰上人家"字样后的倒三角→单击"计时"选项→单击"重复"后面的倒三角→选中"直到幻灯片末尾"→单击"确定"按钮。

　　5. 文本框动画设置

　　单击"××幼儿园×××"→单击"动画"菜单→单击"添加动画"按钮→选择"强调"下的"波浪形"→再选择"动画窗格"→单击任务栏里"××幼儿园×××"后面的倒三角→单击"计时"→选择"重复：直到幻灯片末尾"→单击"确定"按钮。

　　6. 插入背景音乐"小天鹅舞曲"

　　利用"插入"菜单下的"音频"选项插入，在"动画"菜单下的"动画窗格"里修改。

任务 2：把图片"冰天雪地副本"设置为第二张幻灯片的背景，并在湖面上画出一个音箱。

操作方法：

1. 设置幻灯片背景

在第一张幻灯片后，插入一张新的空白幻灯片，即第二张幻灯片。在这张幻灯片中，利用"设计"菜单的功能，把"E:\信息技术\第二章，第三节：冰上人家\冰天雪地副本"设置为背景。

2. 插入图形

单击"插入"菜单→单击"形状"按钮→选择基本形状为"立方体"→在工作区的右下角拖放出一个竖立的长方体，作为音箱体→类似地，画出两个"流程图：直接访问存储器"，作为音箱的功能旋钮→再画两个椭圆，作为音箱的喇叭。

3. 图形的设置

双击音箱→单击功能区"形状填充"→鼠标指针在颜色上移动，观看音箱色彩的变化，当颜色合适时，单击→选中音箱的各个组件（箱体、喇叭、旋钮）→在选中区右击→在弹出的快捷菜单中选择"组合"。

双击音箱箱体→单击"形状效果"→单击"阴影"，在透视中选择一种阴影。

任务 3：在第二张幻灯片中插入 gif 动画"飞鸟""狗""滑冰""滑冰2"，插入剪贴画"妈妈"，在冰面上设置飞鸟和其他对象的倒影。设置"滑冰"动画（姐姐）在冰上不停地做 8 字滑行，飞鸟（黄鹂）在空中做波浪飞行一次。动画均在幻灯片开始时启动。

操作方法：

1. 插入图片

利用"插入"菜单下的"图片"按钮，把"E:\信息技术\第二章，第三节：冰上人家\飞鸟 5、狗、滑冰（姐姐）、滑冰2（妹妹）"等图片插入并取消背景。

2. 插入剪贴画。

单击"插入"菜单→单击"剪贴画"→在任务栏"搜索"按钮前输入"人"→单击"搜索"按钮→单击任务栏内"打冰球的女人"（代表课文中的妈妈）。

调整各个图片动画的大小和位置，得到如图 2.21 所示的效果。

从图 2.21 中发现，代表妈妈的图片把狗的头盖住了，有悬空的感觉。调整"妈妈"图片的层次，使她位于音箱和狗的下层即可让"妈妈"有站在冰面上的感觉。

3. 调整图层

双击"妈妈"图片→在功能区选择"排列"栏的"排列窗格"→在任务栏"排列窗格"里单击图片1、图片2、图片3等，此时观察工作区里，有图片被选中，由此可以看出工作区里的图片与这里的图片之间的对应关系→单击工作区里的"妈妈"图片→单击功能区"下移一层"或者"上移一层"功能按钮使"妈妈"图片移至第二层→类似地，把"姐姐"置于最底层。调整效果如图 2.22 所示。

图 2.21

图 2.22

4. 设置倒影和投影

　　按住 Shift 键同时选中图片和动画"妈妈""姐姐""妹妹""狗"→双击选区→单击功能区"图片效果"按钮→选择"映像"命令下的"全映像"。如图 2.23 所示。

图 2.23

双击"黄鹂"图片→单击"图片效果"→选择"阴影"后出现"设置图片格式"对话框→在"阴影"选项卡中把"距离"的滑动按钮拖放至最右边→单击"关闭"按钮。如图 2.24 所示。

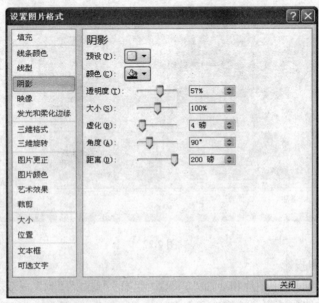

图 2.24

得到效果图如图 2.25 所示。

图 2.25

5. 设置动画

幻灯片开始播放，妈妈便缓慢从右侧进入，狗、姐姐、妹妹、黄鹂依次从各自的方向缓慢进入。姐姐在冰上不停地走 8 字，黄鹂在天空做波浪式飞行一次停留在妈妈头顶。

全选"妈妈""狗""姐姐""妹妹"→单击"动画"菜单→选择"飞入"效果→"开始"选择"与上一动画同时"；"持续时间"设置为 3→在"动画"的功能区修改各个对象的动画时间、方向和开始动画的方式。

选择"姐姐"图片→单击"动画"菜单→单击"添加动画"按钮→选择"自定义路径"→从"姐姐"图片上起笔，在冰面上画一个阿拉伯数字 8→在功能区，设置"开始"为"上一动画之后"，持续时间为 8→单击"动画窗格"→单击任务栏"倒三角"→单击"计时"→选择"直到幻灯片末尾"→单击"确定"按钮。

想一想：怎样设置黄鹂的动画？

任务 4：在第二张幻灯片，当狗进入的时候汪汪狂叫。

操作方法：在"动画"菜单功能区打开"动画窗格"→在工作区单击"狗"→在任务栏单击选中图片后的倒三角→单击"效果选项"→在"效果选项"对话框里，单击声音后面的倒三角→选择"其他声音"→"E:\信息技术\第二章，第三节，冰上人家\狗叫声"→单击"确定"按钮。

任务 5：插入第三张幻灯片，把背景设置为纹理，输入致谢词。

仿照前面介绍的插入幻灯片方法、设置背景方法和插入艺术字的方法，制作这一张幻灯片。

【理论升华】

1. 剪贴画

剪贴画指的是可以直接粘贴的对象。不仅指画，也包括音频和视频。所以说这个术语有些名不符实。剪贴画面板如图 2.26 所示。

Powerpoint 2010 把一些常用的插图、照片、视频、动画、声音存放在一个共同的文件夹 CAGCAT10 里，安装 Powerpoint 2010 的时候，计算机会自动把这个文件夹安装在计算机的 C:\Program Files\Microsoft Office\MEDIA\ 下。在 Powerpoint 2010 窗口的"插入"菜单下的"剪贴画"按钮下有一个"剪贴画"对话框。单击"剪贴画"按钮可以展开对话框，对话框一般放在窗口的右边任务栏里。对话框里的"搜索"按钮与文件夹 CAGCAT10 相链接。单击"搜索"按钮，可以打开这个链接，在"剪贴画"对话框的下面显示 CAGCAT10 中预设的内容。在这里单击想要插入的对象，计算机会自动执行"插入"命令，启动粘贴程序，把它粘贴到工作区的正中央。因此，当我们需要某个对象的时候，可以直接从这里获取。但要注意的是，在这里，"搜索"按钮链接的对象是非常有限的，常常找不到我们需要的对象。

在剪贴画对话框的"结果类型"中，对"搜索"按钮所链接的对象做了分类，分为四个类型：插图、照片、视频和音频。单击"搜索"按钮，计算机会把选中的类型的对象挑出来放在剪贴画

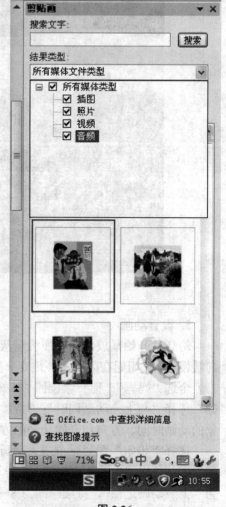

图 2.26

的"显示框"里。所以，我们可以通过选择搜索的类型，缩小检索的范围，提高插入剪贴画的速度。比如，我们想在课件中插入动画，那么就可以在"结果类型"中只选择"视频"，这样搜索到的全部是动态的图。也可以在"搜索文字"下输入想要的对象类型名称，让计算机自动搜索。比如我们想在课件中插入小鸟的图片，那么可以在这里输入"动物"二字，单击"搜索"按钮。这样，显示框里将展示的是检索到的各种动物，可能就包含有我们需要的小鸟图片。

剪贴画对话框也可以与互联网相链接，这样可以在更大的范围内寻找我们需要的对象。当计算机与互联网链接以后，在剪贴画对话框里的搜索，就不限于本计算机了，而是本计算机和 http://office. micro soft.com 网站里的内容。计算机联网后，剪贴画里搜索的内容就基本可以满足课件制作的需要了。

综上所述，插入剪贴画的步骤如下：

接入互联网后→单击"插入"菜单→单击功能区的"剪贴画"按钮→在任务栏"搜索文字"下输入对象的"类型名称"→在"效果类型"下勾选对象的类型→单击"搜索"按钮→在剪贴画的显示框里单击要插入的对象。

2. 图形的插入

计算机中一切操作都是由命令执行的。画长方形有画长方形的命令，画圆柱形有画圆柱形的命令，写汉字有写汉字的命令。命令由一串或者多串相关联的英文代码组成。为了便于推广自己的产品，微软公司在设计 Powerpoint 2010 的时候，把一些常用的命令代码与一些图标建立联系，当单击某一个图标的时候，默认为启动相对应的命令代码。微软公司把图形分为：线条、基本形状、箭头总汇、公式形状、流程图、标注、动作按钮。把各种各样图形的画法命令代码用不同的图形表示，分门别类地放在相应的大类里。单击"插入"菜单下的"形状"按钮，可以打开存放绘图命令代码的仓库。如图 2.27 所示。

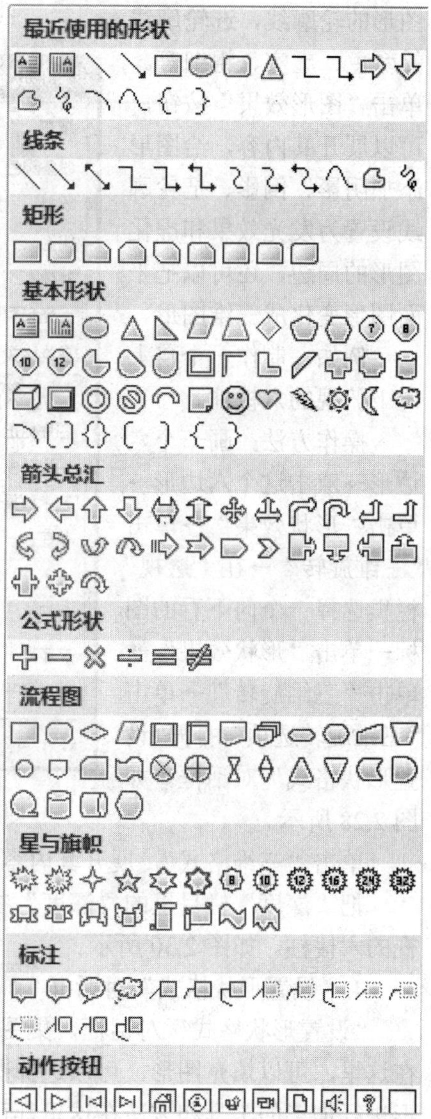

单击其中一个图标，就意味着启动了绘制相应图形的命令，在工作区拖动鼠标，其实就是在执行相关的命令代码，进而可以绘制图形。

例如，我们前面画音箱。单击"基本形状"下的"立方体"，就启动了画"立方体图形"的命令，在工作区拖放出长方体图形，是执行画图程序的过程。

画图形的方法很简单：单击"插入"菜单→选择"形状"按钮→单击一个图标→在工作区拖放。

3. 图形的加工

图形的加工主要包括文字编辑、图形的样式、图形的形状三个内容。双击图形，可以打开图形的功能区，使用其中的工具对图形做出修改。

文字编辑指在图形上添加文字。双击图形，在功能区的"文本框"按钮下，可以选择文字的方向。右击图形，在下拉菜单中选择"编辑文字"，图形中会出现光标，可以在光标处输入文字。选中文字，在文字的旁边会半显文字工具栏，鼠标指针移动到半显的文字工具栏，文字工具栏会全显。当文字工具栏全显时，可以修改文字的格式。

图形的形状指图形的样子。单击功能区的"编辑形状"按钮，可以修改图形的形状，

图 2.27

甚至更换新的图形。

图形样式包括图形填充、图形轮廓、形状效果。它们分别用一个按钮控制，按钮放在"绘图工具格式"的功能区。双击图形，可以打开"绘图工具格式"的功能区。

在"图形工具格式"功能区，单击"图形填充"按钮，可以展开其内容，给图形填充一种颜色、渐变颜色、图片和纹理。单击"图形轮廓"按钮，可以展开其内容，修改图形的轮廓线，选轮廓线的颜色、虚实、粗细等。单击"图形效果"按钮，可以展开其内容，给图形添加阴影、倒影、把轮廓线设置为发光效果和虚化图形的周边，还可以把平面图形变化成三维图形。

例如，制作一个自上向下俯视的六棱柱。

操作方法：画一个六边形→双击这个六边形→单击"形状效果"→单击"三维旋转"→在"透视"栏里选择一个向下看的图标→单击"形状效果"→单击"三维旋转"→单击"三维旋转选项"，打开"设置形状格式"对话框。如图2.28所示。

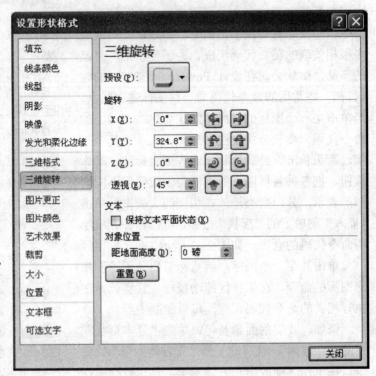

图2.28

单击"三维格式"，展开其内容。如图2.29所示。

把"深度"栏目里的"深度"参数修改成222，单击"关闭"按钮。便得到一个俯视的六棱柱。如图2.30所示。

4."设置形状格式"对话框

"设置形状格式"对话框，集图形样式的所有功能于一身，是图形样式工具的总库。在这里，可以填充图形，可以选择图形的轮廓线，可以设置图形的艺术效果，所有对图形进行加工的工具和方法在这里都可以找到。

打开这个对话框的方法是：在图形上单击鼠标右键，在弹出的快捷菜单中选择"设置形状格式"。

所以，加工图形，也可以按照下面的程序操作：

右击需要加工的图形→选择"设置形状格式"→在对话框的左边选择类别→在对话框的右边设置参数。

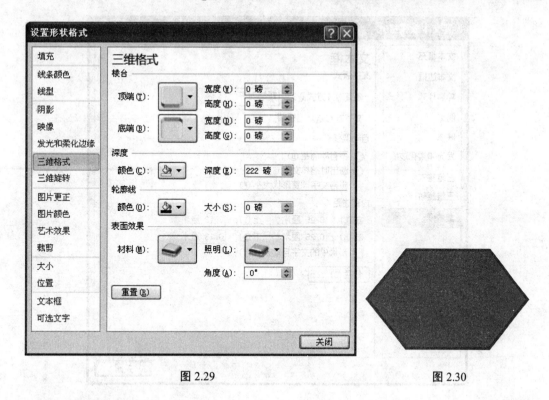

图 2.29   图 2.30

5. 艺术字的插入

从设置这个课件的标题中，我们可以总结出插入艺术字的程序：单击要插入艺术字的幻灯片→单击"插入"菜单→单击"艺术字"按钮→选择一种艺术字并输入内容。

6. 艺术字的设置

艺术字的设置，即修改艺术字的样式。单击工作区的艺术字，计算机自动打开"绘图工具格式"功能区，其中有一栏是"艺术字样式"，在这里可以修改艺术字的参数，以获得不同效果的艺术字。比如，改变艺术字内部的填充，重新设置艺术字的轮廓线和给艺术字添加阴影、倒影、变换字的排列方式等。如图 2.31 所示。

图 2.31

加工艺术字的所有工具都放在"设置文本效果格式"对话框里。右击文字，选择"设置文本效果格式"便可以打开它。如图 2.32 所示。在这里可以对艺术字做出各种各样的设置。

图 2.32

7. 高级动画

高级动画是"动画"菜单功能区的一个栏目。位于功能区的右边，包含有四个按钮：添加动画、动画窗格、触发和动画刷。

（1）添加动画。即给对象添加新的动画。在"动画"菜单的功能区，预设了一些动画效果，其实动画效果远不止这几种，还有很多。单击"添加动画"按钮，可以展开这个工具，看到更多的动画效果，我们可以在这里做出更多的选择。这里有对象进入的效果、对象退出的效果、强调对象的效果。"进入"指的是对象从屏幕外进入屏幕，"退出"指的是对象从屏幕上消失，"强调"指的是对象既不进入，也不退出，就在屏幕上动。我们前面介绍的是对象进入的动画设置。在遇到复杂课件的时候，可能会涉及强调和退出。

动画不一定都是进入和退出屏幕，还有从屏幕上的一个位置移动到另一个位置的情况。比如"姐姐"在冰面上走8字。反复走8字，既不是进入屏幕，也不是退出屏幕，而是在屏幕上的某个区域按照一定的路径运动。类似这样的运动非常普遍。在制作课件的过程中，经常会遇到设置对象按照既定路线运动的情况。这样的动画，在"动画"的功能区是不能够直接进行设置的，必须先要进行动画的高级设置。

设置对象按照既定的路径运动的方法如下：双击对象→在"动画"菜单的功能区单击"添加动画"→选择"自定义路径"→画一条运动的路径→双击鼠标结束路径的绘制→调整路径的位置和起至点→设置动画的时间和激发方式。

（2）动画窗格。单击"动画"功能区的"动画窗格"按钮，其对话框被展开放在任务栏。如图 2.33 所示。这里有本张幻灯片中所有动画对象的名称以及排列顺序。可以用拖放的方法，或者单击"动画"功能区"向前移动""向后移动"按钮调整动画的播放顺序。也可以单击对象后面的倒三角，展开该对象的所有动画选项。如图 2.34 所示。

单击其中的"效果选项"，可以打开"自定义路径"对话框，对动画对象做更多设置。如图 2.35 所示。

图 2.33

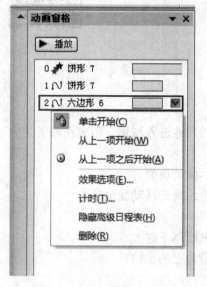

图 2.34

图 2.35

在这个对话框里，"效果"选项卡里可以对动画的效果做进一步的设置，可以给动画添加声音。如，给狗的动画添加狗叫声。在"计时"选项卡里，可以设置动画的启动方式，动画的持续时间，动画的播放开始时间，动画的重复次数，以及动画的触发方式。后面在讲授课件的交互时，我们会详细地介绍"触发"按钮的使用方法。在"正文文本动画"选项卡里，可以把文本对象分解开，分成若干段播放。

（3）动画刷。

单击一个动画对象后，单击"动画刷"，再单击另一个对象，另一个对象就具有了与该对象同样的动画。比如，狗的动画是单击时自左至右飞入，小鸟没有动画效果。先单击狗→然后单击"动画刷"→再单击小鸟。播放课件的时候，单击鼠标，小鸟会和狗一样自左至右飞入。

【读者演练】

插入剪贴画牛，或者自己使用"图形"工具画一头牛。单击鼠标，牛叫着从屏幕外进入屏幕至中央位置，然后，自动做任意曲线运动。

第四节　雨来了

【编写意图】

（1）使读者进一步熟悉路径动画。

（2）介绍动画窗格里的部分工具、命令的使用。

（3）进一步介绍图片工具格式功能区的使用。

（4）介绍视频的插入。

（5）介绍图片的精确设置。

扫一扫

雨来了

【课文简介】

雨来了

星期天，小朋友们沿着儿童城堡墙外的小路高高兴兴地进入城堡，消失在城堡的大门内。

小朋友们在城堡里室外的广场上，唱呀、跳呀，尽情地玩耍。

突然，天空暗了下来，像是要下雨了。小朋友们纷纷离开活动场地。

谁知，竟然是下雪了，漫天大雪。

不一会，雪停了，下起了雨，起初雨并不大，后来雨越下越大。

小朋友们躲进了房间里，有的看电视，有的在做着自己的事情。

【任务】

做一个课件，把这个故事表现出来。

【任务分析】

全文六个自然段，第一个自然段说的是小朋友去儿童城堡的情景，背景是儿童城堡，情景是小朋友。第二自然段说的是小朋友们进入儿童城堡后在室外活动的情景，与原来的场景不一样，需要切换一个新的场景。天空暗下来，下雪了，下雨了，都是儿童城堡内室外的场景，但是效果不一样。这里，可以把同一张照片处理成不同的效果，来表现不同的天气状况。小朋友躲进室内，应该是室内的场景。所以，制作这个课件，至少需要三张幻灯片，分别来承载三个不同的场景。

第一张幻灯片，用来表现小朋友进入儿童城堡的情景。

第二张幻灯片，用来表现小朋友们在儿童城堡的室外广场上玩耍和天气变化的情景。

第三张幻灯片，用来表现小朋友在室内看电视的情景。

由故事的情节和各张幻灯片的内容来看，制作这个课件需要儿童城堡的外景图、幼儿园内的室外图片、室内图片和小孩子的动画。这些素材已经找到了放在在计算机的 E:\

二年级信息技术\第二章,第四节。

在第一张幻灯片里,我们可以把儿童城堡图片设置为背景图。小朋友沿着城堡外进入城堡,是路径动画,进入大门后消失,是对象的退出。

在第二张幻灯片里,可以把幼儿园室外活动广场作为背景图。不同的天气,可以用这个背景图的不同效果表现。因此,需要在第二张幻灯片插入多张和背景图一样的图片。

在第三张幻灯片里,小朋友是在室内看电视,因此,背景图应该设置为室内的图片,前景要有电视机和小朋友,要插入视频和小朋友的动画,把视频放在电视机的上层,小朋友放到电视机的上层。

【任务分解】

任务 1:插入三张空白幻灯片。

操作方法:设置第一张幻灯片的版式为空白→单击"开始"菜单→连续单击"新建幻灯片"按钮的上半部分两次。

注意:鼠标指针放到"新建幻灯片"按钮上,不是按钮全部被选中,而是只能够选中一半,要么是上半部分,要么是下半部分。显示黄色的部分是被选中的部分。单击"新建幻灯片"按钮的上半部分和下半部分的效果是不一样的。

任务 2:把第一张幻灯片的背景设置为儿童城堡外景(E:\二年级信息技术\第二章,第四节\儿童城堡 5 副本),把第二张幻灯片的背景设置为儿童城堡内的室外活动场地(E:\二年级信息技术\第二章,第四节\儿童城堡 6 副本),把第三张幻灯片背景设置为室内照片(E:\二年级信息技术\第二章,第四节\城堡室内)。

操作方法:以第一张幻灯片为例。

方法一:单击"设计"菜单→单击"背景"右边的"箭头"→单击"图片或者纹理填充"→单击"文件"按钮→选择"E:\二年级信息技术\第二章,第四节\儿童城堡 5 副本"→单击"关闭"按钮。

方法二:右击第一张幻灯片的工作区→单击"设置背景格式"→单击"图片或者纹理填充"→单击"文件"按钮→选择"E:\二年级信息技术\第二章,第四节\儿童城堡 5 副本"→单击"关闭"按钮。

如法炮制,设置第二张、第三张幻灯片的背景。

任务 3:在第一张幻灯片,把 E:\二年级信息技术\第二章,第四节\中的"儿童 4""儿童 5""儿童 7"插入到工作区,并设置他们沿着城堡的外墙进入城堡。

操作方法:以设置人物动画"儿童 4"为例。

在工作区插入人物动画"儿童 4"→压缩至合适大小→单击动画"儿童 4"→单击"动画"菜单→单击"添加动画"按钮→单击"自定义路径"→从"儿童 4"身上起笔,沿着墙根画曲线至城堡大门→调整"开始""持续时间""延迟"的参数(读者可以根据自己的爱好设置参数)→单击"动画窗格"→在任务栏里,单击"倒三角"→单击"效果选项"→在"效果选项"对话框里,单击"幻灯片播放后"的倒三角→选择"播放动画后隐藏"。

动画"儿童 5"和"儿童 7"的动画设置方法与此类似,不再赘述。

任务 4：在第二张幻灯片，插入"儿童城堡 6 副本"，设置宽为 25.4 厘米，高为 19.05 厘米，位置与工作区重合。

操作方法：插入"儿童城堡 6 副本"，并双击→在功能区，单击"大小"右边的"箭头"→单击对话框左边的"大小"二字→在"设置图片图式"对话框的右边，取消"锁定纵横比""相对于图片原始尺寸""幻灯片最佳比例"前面的"✓"。设置高为 19.05 厘米，宽为 24.5 厘米→单击对话框左边的"位置"二字→在"设置图片格式"对话框的右边，设置水平为 0 厘米，垂直为 0 厘米→单击"关闭"按钮。

任务 5：设置"儿童城堡 6 副本"为下雪的效果，复制"儿童城堡 6 副本"设置为下雨效果，复制"儿童城堡 6 副本"设置为阴天效果，复制"儿童城堡 6 副本"设置为晴天效果。

操作方法：以制作下雪效果为例：双击"儿童城堡 6 副本"→在功能区选择"艺术效果"按钮→单击第一行右边第一个图标"线条型"。

以设置下雨效果为例：双击"儿童城堡 6 副本"→在功能区选择"艺术效果"按钮→单击下面的文字"艺术效果选项"→在艺术性效果选项对话框的右边，单击"艺术效果"后面的倒三角，选择"蜡笔平滑"；透明度：0，放缩比例：44→单击"关闭"按钮。

以设置阴天效果为例：双击"儿童城堡 6 副本"→在功能区单击"颜色"按钮→设置饱和度为 33%，色温为 6500k。

任务 6：设置"儿童城堡 6 副本"的动画效果为单击时淡出。

操作方法：自上而下，依次选中所有"儿童城堡 6 副本"→单击"动画"菜单→单击"添加动画"→在退出栏里，选择"淡出"效果。

任务 7：在第二张幻灯片，插入一些儿童动画，并设置在第一张"儿童城堡 6 副本"图片淡出后，飞出工作区。

操作方法：从"E:\二年级信息技术\第二章，第四节"插入一些儿童动画→单击一个儿童动画对象→"动画"菜单→"添加动画"→在"退出"栏选择"飞出"效果→在功能区设置"开始"为与上一动画同时，持续时间为 3 秒，右侧飞出。

打开"动画窗格"，在任务栏，用拖放的方法放到第一个动画的下面，紧挨着第一个动画。

任务 8：在第三张幻灯片，插入电视机图片和视频"龟兔赛跑"。

操作方法：在第三张幻灯片，用插入图片的方法插入电视机图片→单击功能区的"视频"按钮→单击"文件中的视频"→选择"E:\二年级信息技术\第二章，第四节\龟兔赛跑.swf"→单击"插入"按钮。

移动视频和电视机图片的位置，调整视频的大小，使视频位于电视机的屏幕上和电视机的屏幕一样大。

任务 9：在第三张幻灯片，插入一些儿童动画。

操作方法：可以按照插入图片的方法插入，也可以从第二张幻灯片复制那些儿童动画，粘贴到第三张幻灯片。

【理论升华】

1. Powerpoint 2010 中的动画

Powerpoint 2010 中的动画有四种：对象进入动画，对象退出动画，对象强调动画，动作路径动画。

对象进入动画，指的是对象从屏幕外到屏幕内的运动变化形态。分横向进入和纵向进入两种情况。横向进入，即从屏幕的周围进入屏幕；其他进入屏幕的方式，被归为纵向进入。"飞入"效果，"弹跳"效果都是横向进入。"缩放""擦除"是纵向进入。"动画"菜单的功能区所展示的动画效果，都属于对象进入的动画效果。也可以在"添加动画"按钮下的"进入"栏目，选择对象进入的动画效果。还可以在"添加动画"按钮下的"更多进入效果"选项里获得更多的进入动画效果。如图 2.36，图 2.37 所示。

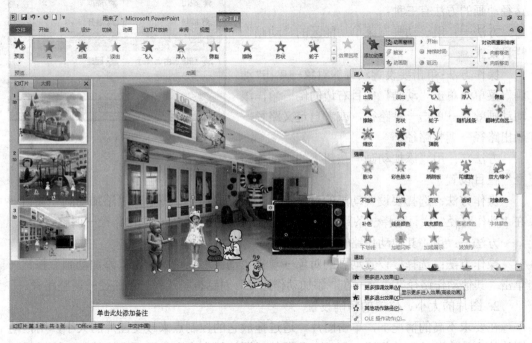

图 2.36

至此，我们介绍了三种设置对象进入动画效果的方法：

方法一：在"动画"菜单的功能区设置。

方法二：在"添加动画"按钮下的"进入"栏目设置。

方法三：在"添加动画"按钮下的"更多进入效果"选项里设置。

对象退出动画，指的是对象从屏幕上消失的动画。本课件中，儿童城堡外的儿童看到天阴以后，纷纷离去，就是退出动画。设置退出动画有两种方法。

方法一：在"添加动画"按钮下的"退出"栏目设置。

方法二：在"添加动画"按钮下的"更多退出效果"选项里设置。

强调对象动画。进入动画是对象从无到有的动画，退出动画是对象从有到无的动画，强调对象动画，对象既不进入，也不退出，是存在于屏幕的对象，在自身位置运动变化的动画。因为动态的事物吸引人的眼球，所以，我们常常用强调动画的方法来表现一些重要的对象，以引起学生的注意。

路径动画。就是让对象按照设定的路线运动的动画。比如，本节的第一张幻灯片，几个儿童沿城堡墙角进入城堡，都是路径动画。还有上一节《冰上人家》的姐姐走8字、小鸟按照波浪路径飞，也是路径动画。路径动画是一种非常重要的动画，在描述故事情节的时候常常用到。设置路径动画的方法有三种：

方法一：用"动画"菜单功能区的"动画"栏目设置。

操作方法：单击要设置动画的对象→单击"动画"菜单→单击"动画"栏目右边的倒三角，滚动动画效果→单击一种路径，或者自定义路径→画出路径→调整路径。

图 2.37

方法二：用"添加动画"按钮下的"动作路径"栏目设置。

操作方法：选择要设置动画的对象→单击"动画"菜单→单击"添加动画"按钮→在"动作路径"栏目选择一条路径，或者自定义路径→在屏幕中画出路径→调整路径。

方法三：用"其他动作路径"选项设置。

操作方法：选择要设置动画的对象→单击"动画"菜单→单击"添加动画"按钮→单击"其他动作路径"选项→在"添加动作路径"对话框里选择一条路径→调整路径。

2. 图片的大小、位置的精确设置

在要求不高的情况下，单击图片，通过拖放它的控制点来改变图片的大小，用拖动图片的方法来移动它的位置。但是有些课件对图片的大小和位置要求比较高。这时候，就需要对课件进行精确设置了。比如，设置课件天气变化情况，是做了几张和屏幕（屏幕的默认宽为 25.4 厘米，高为 19.05 厘米）一样大小的天气图片，把它们与屏幕完全重叠在一起，然后一张一张揭去，露出不同的天气图片，以此产生天气的变化效果。这样的图片如果大小不一，位置重叠得不整齐，动画效果就会大为失色。

图片精确设置要在"设置图片格式"对话框里进行。打开对话框的方法有两种：

方法一：在"图片工具格式"的功能区打开。

双击图片→在"图片工具格式"的功能区右端，单击"大小"右边的箭头。

方法二：在图片上右击打开。

右击图片→在弹出的快捷菜单中单击"设置图片格式"。

在选中图片的情况下，打开"设置图片格式"对话框，单击对话框左边的项目，会在右边展开它的全部。设置图片格式对话框如图 2.38 所示。其中大小包括图片的高度、宽度、旋转的角度、缩放的比例等。如果要求图片承载的对象不能够变形的话，要勾选"锁定纵横比"，否则要去掉它前面的对号。比如说，改变包含人物、动物图片的大小，就必须锁定纵横比，否则人或者动物会比例失调。本课件要求图片和屏幕一样大，因此，必须取消"锁定纵横比"。

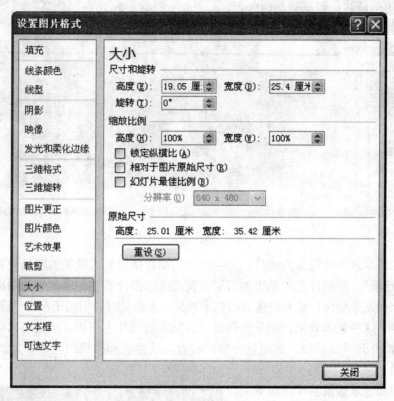

图 2.38

在这个对话框里，默认屏幕左上角的坐标为（0，0），向右和向下为正方向。要使图片与屏幕对齐，除了图片的尺寸要和屏幕大小一样外，图片的位置还必须是"水平：0，垂直：0"。

3. 图片的艺术效果

在图片处理软件 Photoshop cs 里，有一个"滤镜"菜单，使用它可以对图片做深层次的加工，使图片产生一些特殊的效果，比如使图片产生下雨的效果、火烧的效果、大理石效果等。Powerpoint 2010 也有类似的工具，叫"艺术效果"按钮，放置在"图片工具格式"功能区。双击图片，可以打开"图片工具格式"功能区，在它的左边有"艺术效果"按钮。单击"艺术效果"按钮，可以展开其内容。如图 2.39 所示。

图 2.39

展开的艺术效果按钮分两部分，上半部分是图片常用艺术效果的默认设置，下面是"艺术效果选项"，即图片艺术效果的深层设置。鼠标指针放在艺术效果的图标上，选中的图片会立刻发生变化，成为设置后的艺术效果。单击鼠标，相当于单击"确定"按钮，图片便获得了这种艺术效果。如果觉得图片的艺术效果并不理想，那么可以单击"艺术效果选项"，打开其对话框，做更进一步的设置，获得更加理想的艺术效果。如图 2.40所示。

设置图片艺术效果的步骤如下：

双击图片→单击功能区的"艺术效果"按钮→单击一种效果→单击"艺术效果"选项→单击"艺术效果"后面的按钮→重选艺术效果→修改有关参数→单击"关闭"按钮。

4. 视频的插入

插入视频的按钮放置在"插入"菜单功能区的右边，用图标表示。图标分上下两部分。单击上半部分，直接进入原来使用过的视频所在的位置。在制作课件前，一般要把搜集到的与制作课件相关的素材放置在一个文件夹里。所以，单击这个按钮的上半部分，通常会到达本课件的素材库。

图 2.40

单击这个按钮的下半部分，会展示出三条路径，一条是"文件中的视频"，一条是"来自网站的视频"，一条是"剪贴画视频"。单击"文件中的视频"，可以用手动的方式找到我们预先准备好的视频，把它插入到幻灯片中。单击"来自网站的视频"，输入视频所在的网址，单击"插入"按钮，可以把网络上的视频直接下载到本课件的幻灯片上。单击"剪贴画视频"，可以打开"剪贴画视频"对话框，放置在窗口右边的任务栏，在这里输入需要的视频类别，单击"搜索"按钮，单击对话框下面的视频，就可以把所选的视频插入到幻灯片了。

Powerpoint 2010 与 Powerpoint 2003 相比较，插入视频的范围大了许多，实用性更强。可插入的视频文件有五个类型，有 windows media 文件（asf）、windows 视频文件（avi）、电影文件（mpeg）、QuickTime 视频文件（mov）、Adobe Flash Media（swf）。在 Powerpoint 2003 中，插入 swf 文件是非常麻烦的，需要使用控件，输入路径，而且更换了计算机，就播放不出来了。若要播放还需要重新设定路径。

【读者演练】

做一张幻灯片，背景为公园图片，单击鼠标时，公园由晴天变成雨天，一个小孩爬到小河边掉进水里不见了，大屏幕上正在播放视频。（公园图片位置：E:\信息技术\第二章，第四节，雨来了\公园）

操作方法：

1. 设置公园由晴天变雨天

（1）插入公园图片，并精确定位。插入公园图片→双击图片→在功能区的右边单击"大小"后面的箭头→在打开的对话框里，取消"锁定纵横比""相对于图片原始尺寸""幻灯片最佳比例"前面的"✓"。设置高为 19.05 厘米，宽为 24.5 厘米→单击对话框左边的"位置"二字→在图片设置对话框的右边，设置水平为 0 厘米，垂直为 0 厘米→单击"关闭"按钮。

（2）复制公园图片。右击公园图片→选择"复制到此位置"。

（3）设置下层的公园图片为下雨的效果。拖动上层的公园图片到一边，露出底层的公园图片→双击底层的公园图片→单击"艺术效果"→选择"下雨"的效果。

（4）设置上层公园图片的退出效果为"淡出"。对上层的公园图片进行精确定位，使它与工作区完全重合→单击"动画"菜单→单击"添加动画"→在"退出"栏目选择"淡出"。

2. 设置小孩掉进水里

插入爬动的小孩→单击"动画"菜单→单击"添加动画"→单击"自定义动作路径"→从小孩身上起笔画线，至小河中，双击鼠标结束画线→单击"动画窗格"→单击任务栏的倒三角→单击"效果选项"→单击"动画播放后"的倒三角→单击"播放动画后隐藏"→单击"确定"按钮。

3. 插入视频

单击"插入"菜单→单击"视频"按钮→单击"文件中的视频"→找到视频→单击"插入"按钮。

说明：其实由晴天变雨天还有更简单的设置方法，比如，设置下雨效果图片的进入方式为淡出。因为我们想在这一节介绍对象的退出方法，所以，介绍的方法比较麻烦一些。同学们在实践中，可以使用简单的方法，不必生搬硬套本节介绍的方法。

第五节　水果

【编写意图】

（1）介绍图片的剪裁方法。
（2）介绍幻灯片的链接。
（3）介绍窗口左区的一些选项和操作。
（4）介绍"对齐"概念和设置方法。

扫一扫

水果

【课文简介】

这是幼儿园小班的《社会》课的教学内容，引导学生认识日常生活中常见的几种水果，如猕猴桃、苹果、橘子、葡萄、桃子和香蕉。图片"水果2"放在"E:\信息技术\第二章，第五节，水果"里。如图 2.41 所示。

【任务】

为这一课制作一个教学课件。

【任务分析】

幼儿的注意力比较差，容易受到外界和其他事物的干扰。为了排除其他事物的干扰，使学生把精力集中于要教学的事物上，首先要单独出示一种水

图 2.41

果，当学生建立起这种水果的表象以后，再教学另一种水果，分而治之，各个击破。在学生的大脑里建立起一个一个相互独立的水果单元。然后，随机展示一种水果，让学生说出它的名称，引导学生唤起对已经学习的水果的表象。最后，再把这些教学的水果放在一起，让学生根据已经建立的各个水果的表象，把某一种水果从这六种水果中区分出来，使学生真正弄清楚各种水果的特点。

如果每种水果用一张幻灯片，水果混合在一起的图片用一张幻灯片，那么至少需要七张幻灯片。加上封页和尾页，共需要九张幻灯片。

这样的教学，要求制作出的课件能够在各种水果之间随意的切换，这就要有一组对象，它们与各种水果的图片相连，单击这组对象中的某一个，可以通过链接展开要教学的水果图片。

【任务分解】

任务 1：插入三张空白幻灯片。

操作方法：按照前面讲过的方法进行。

任务 2：设置第一张幻灯片的背景为图片"背景 3"，插入艺术字标题"水果"以及讲课人的基本信息。尾页背景设置为图片"背景 1"，插入艺术字"谢谢观看！"

操作方法：按照前面教学的方法进行。

任务 3：把第二张幻灯片的背景设置为纹理。并插入图片"水果 5"。

操作方法：按照以前教学的方法进行。

任务 4：在第二张幻灯片，复制出六张图片"水果 5"，剪裁出一张大的和五张小的。

操作方法：同 Word 中复制图片的方法一样，复制出六张"水果 5"图片→双击一张图片→单击功能区的"剪裁"按钮→把鼠标放到对角线的控制点上，当鼠标指针成折线状时拖动，剪裁图片，保留"猕猴桃"图片→如法炮制，得到比较小的苹果、橘子、葡萄、桃子和香蕉的图片。

任务 5：设置这六张图片的大小为高 2 厘米，宽 2.5 厘米，样式设置为合体，有阴影，均匀横向分布，放置于工作区的上方。

操作方法：用 Shift 键全选这些图片，用第四节介绍的设置图片大小的方法，把它们设置成统一的尺寸：高 2 厘米，宽 2.5 厘米→双击选中区，在功能区样式栏目，把它们设置成合体，并添加阴影→单击功能区"排列"下边的倒三角→选择"对齐"→选择"顶端对齐"和"横向分布"→拖动至工作区上方。

任务 6：在第二张幻灯片的后面，复制出六张和第二张幻灯片一样的幻灯片。

操作方法：右击第二张幻灯片→单击"复制幻灯片"→再右击第二张幻灯片→单击"复制幻灯片"→按下 Shift 键，选择第二、三、四张幻灯片→右击选区→选择"复制幻灯片"。

任务 7：第三张幻灯片中保留猕猴桃的图片，在第四张幻灯片中保留一张苹果图片，在第五张幻灯片中保留一张橘子图片，在第六张幻灯片中保留一张葡萄图片，在第七张幻灯片中保留一张香蕉图片，在第八张幻灯片中保留一张桃子图片。设置它们的高为 13 厘米，宽 20 厘米，位置为水平 3 厘米，垂直 4 厘米。

操作方法：右击不要的图片→单击"剪切"→右击保留的图片→"设置图片格式"，按照第四节的方法设置大小和位置。

任务 8：设置第二张幻灯片里的猕猴桃图片与第三张幻灯片的猕猴桃图片相链接。第二张幻灯片里的其他图片与对应的幻灯片相链接。

操作方法：以猕猴桃的链接为例。在第二张幻灯片，单击猕猴桃图片→"插入"菜单→单击"超链接"按钮→在"编辑超链接"对话框的左边"链接到"栏目，选择"本文档中的位置"→在"请选择文档中的位置"栏目选择"幻灯片 3"→单击"确定"按钮。如图 2.42 所示。

其他链接，可以仿照设置。单击"切换"菜单→在功能区取消"鼠标单击"，选择"全部应用"。把第一张幻灯片和第八张幻灯片的切换方式设置为，鼠标单击时。把第二张幻灯片里的六个图标复制粘贴到第三至第八张幻灯片。

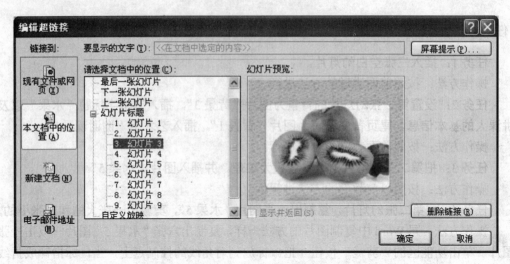

图 2.42

【理论升华】

1. 超链接

我们前面做的单击猕猴桃的小图标，课件跳转到放置着猕猴桃大图片的第三张幻灯片。这样的设置就是一个超链接。超链接，其实就是在两个对象之间建立一种联系，单击一个对象，触发它们之间的联系，把另一个对象推向前台。

设置超链接，需要有两个对象，一个对象作为触发关系的实体，另一个对象作为被触发的实体。而且，还要在它们之间建立一种联系。前面说的猕猴桃小图标就是一个触发对象的实体。那张放置猕猴桃大图片的幻灯片就是被触发的实体。

触发对象的实体，叫作按钮。按钮通常做得比较小，而且有标志，使课件的操作者能够看到它，且能够从它上面的标志，识别出它的意义。按钮上的标志有图形、图标和文字等。我们这个课件按钮的标志都是图片。激发猕猴桃大图片的按钮标志是小的猕猴桃图片，激发苹果大图片的按钮标志是小的苹果图片，激发香蕉大图片的按钮标志是香蕉的小图片。我们也常用◁▷▶▷◁▷◑◓◑◑◻◻◻◻的图标作为按钮的标志，说明按钮的意义。按钮不仅可以是图形，也可以是文字、动画、视频等。只要是能够看得到的东西，都可以作为按钮。

被触发的实体可以是文件、网页、新建的文档、电子邮件、当前演示文稿中的某一张幻灯片，当前幻灯片中某一个对象。在幼儿园的教学中，最常用的是当前演示文稿中的某一张幻灯片和幻灯片中的某一个对象。最简单的超链接实体是当前演示文稿中的幻灯片。这一节，设置的超链接，其被链接的实体都是当前演示文稿中的幻灯片。葡萄按钮链接的是放置有葡萄大图片的那张幻灯片，橘子按钮链接的是放置有橘子大图片的那张幻灯片。

设置超链接，就是建立起按钮与被链接实体之间的关系。建立按钮与当前幻灯片中某一张幻灯片的关系，常用的方法如下：

方法一：用"超链接"按钮。

单击"按钮"→单击"插入"菜单→单击功能区的"超链接"按钮→在打开的对话框里，单击左边的"本文档中的位置"→单击"请选择文档中的位置"栏目里的某一张幻灯片→单击"确定"按钮。如图 2.43 所示。

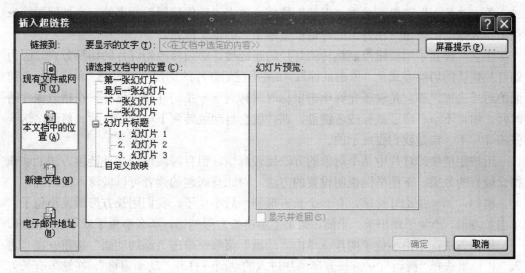

图 2.43

方法二：用"动作"按钮。

单击"按钮"→单击"插入"菜单→单击功能区的"动作"按钮→单击"单击鼠标"选项卡→点选"超链接到"→单击"超链接到"下面长方形后面的倒三角→选择一张幻灯片→单击"确定"按钮。如图 2.44 所示。

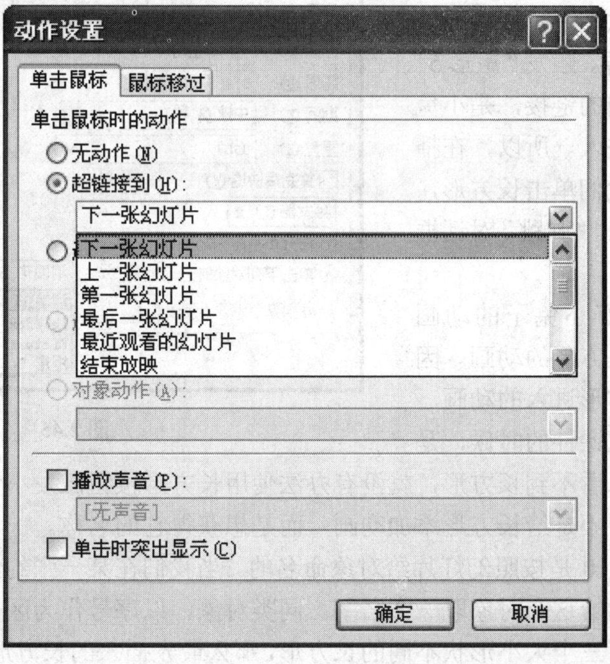

图 2.44

在这里，还可以设置激发超链接的时候发出的声音和单击按钮的时候按钮的突出显示。

方法三：用"插入"菜单下的"形状"按钮设置。

单击"插入"菜单→单击"形状"按钮→单击"动作按钮"栏里的一个按钮图标→在工作区拖动出按钮→在弹出的对话框中单击"确定"按钮。

注意，设置了用按钮控制跳转幻灯片的超链接，必须修改幻灯片的切换方式。因为幻灯片默认的切换方式是"单击鼠标"，如果不在幻灯片的切换方式里把"单击鼠标"前面的对号去掉，那就是说还允许单击鼠标时跳转到下一张幻灯片。这样，在播放课件的时候，如果不小心碰了鼠标或者键盘，课件就会自动跳转到下一张幻灯片。然而，这一张幻灯片不一定是我们要展示的。

用按钮链接幻灯片中某个对象的方法比较麻烦，但有时候使用这种链接方法能够获得比较好的效果。下面举例说明设置的方法，对此有兴趣的读者可以做深入的研究。

例如，第一张幻灯片里，有一个长方形和一只小兔子。我们用长方形激发小兔子。单击长方形，小兔子跳出来。当然，如果不单击长方形的话，那么小兔子就不会跳出来。

操作方法：单击小兔子图片→单击"动画"菜单→单击"添加动画"按钮→在"进入"栏目里选择"弹跳"→给长方形添加进入的动画→打开"动画窗格"，在这里有长方形的名称，比如说叫"矩形 5"。在心里记住这个长方形的名称→在动画窗格里，单击小兔子对象后面的倒三角→单击"计时"→在打开的对话框里，单击"触发器"→点选"单击下列对象时启动效果"，单击它后面的倒三角→选择"矩形 5"→单击"确定"按钮。

在"动画窗格"里，右击"矩形 5"→选择"删除"。

这个设置的意义是，当鼠标单击"矩形 5"的时候，触发"矩形 5"与小兔子图片之间的链接，是小兔子以弹跳的方式进入。所以，在播放课件的时候，我们单击长方形，小兔子就会跳出来。"弹跳"对话框如图 2.45 所示。

注意，设置好小兔子的动画后，一定要取消长方形的动画。因为我们设置了长方形进入的动画。所以，当我们播放课件的时候，是

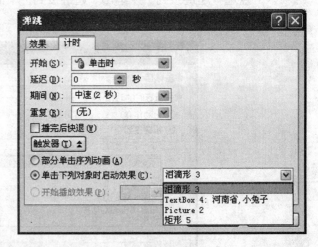

图 2.45

看不到长方形的。看不到长方形，就没有办法使用长方形按钮激发小兔子。我们设置长方形动画的目的，不是给长方形添加动画，而是想获得它的名称。

Powerpoint 2010 是按照幻灯片给对象命名的。当我们在某一张幻灯片插入对象的时候，计算机会自动给这个对象取一个名字。同类对象，以序号作为区分。例如，在第一张幻灯片里插入了三个大小形状不同的长方形，那么最先插入的长方形就叫作"矩形 1"，接着插入的长方形叫作"矩形 2"，最后一个插入的长方形叫作"矩形 3"。如果我们按照

"矩形 3""矩形 1""矩形 2"的顺序，把这三个长方形粘贴到第二张幻灯片。那么在第二张幻灯片里，原来的"矩形 3"就叫作"矩形 1"了，原来的"矩形 1"就叫作"矩形 2"了，原来的"矩形 2"就叫作"矩形 3"了。

鉴于此，按钮与对象之间的超链接，只能够在同一张幻灯片里进行。在第一张幻灯片里单击"矩形 1"出现"矩形 3"，在第二张幻灯片里，就不灵了。因为，在第二张幻灯片里所说的"矩形 1"，其实是第一张幻灯片里的"矩形 3"。

2. 图片的剪裁

Powerpiont 2010 里剪裁的概念和生活中剪裁衣服的概念一样，都是去掉多余的部分，保留需要的部分。生活中的剪裁衣服是按照事先设计好的样子，剪去多余的布料。这里是按照课件制作的要求，去掉图片中的多余部分。

剪裁图片，是需要工具的。工具放置在"图片工具格式"功能区的右边，是一个按钮，通常叫它剪裁按钮。这个按钮分上下两个部分，上边的部分是常用的剪裁命令，下边的部分蕴藏着多种剪裁的方法。

在选择图片的前提下，单击上半部分，图片的周围会出现一些控制线，鼠标指针放到这些控制线上，会发生变化。鼠标指针的变化说明剪裁的命令已经加载于鼠标，此时拖动鼠标，就可以剪裁掉多余的部分。如图 2.46 所示。

图 2.46

在选中图片的前提下，单击"剪裁"按钮的下部分，会弹出更多的剪裁选项。如剪裁、剪裁为形状、纵横比、填充、强调。如图 2.47 所示。

其中，最常用的是"剪裁为形状"。使用它可以把插入课件中的图形剪裁成各种各样的形状。比如，把图形剪裁成椭圆形状、三角形形状、六边形形状等。

剪裁图形的常用方法有两个：

方法一：用剪裁按钮的上半部分功能。

双击图片→在功能区单击"剪裁"按钮的上半部分→鼠标在图片的控制线上拖动。

图 2.47

方法二：用剪裁按钮的下半部分功能。

双击图片→在功能区单击"剪裁"按钮的下半部分→选择"剪裁为形状"→选择一种形状。

一般先使用方法一，对图片做粗略的剪裁，保留一个长方形的形状，再使用方法二，把图片剪裁为各种各样的形状。

3. 左区的操作

在第一节已经简单地介绍过了左区。左区展示的是课件的结构。如果一个课件由多张幻灯片组成，那么左区显示的是这些幻灯片的排列顺序。

右击左区的任意一张幻灯片，都可以弹出快捷菜单，显示在这里可以进行的绝大部分操作。如图 2.48 所示。

图 2.48 中所有功能选项都是对整张幻灯片而言的。

剪切。在一张幻灯片上右击，在弹出的快捷菜单里选择"剪切"，可以剪掉这张幻灯片，包括幻灯片中的内容。

复制。右击一张幻灯片，在弹出的快捷菜单里选择"复制"，可以把这张幻灯片的全部都放在剪贴板上，并且可以无数次地粘贴出这张幻灯片。

图 2.48

粘贴。选择复制后，粘贴有三种方式：使用目标主题（粘贴左边的图标）、保留源格式（粘贴中间的图标）、图片（粘贴右边的图标）。使用目标主题，只能够粘贴出复制幻灯片的主题，即标题文字。保留源格式，可以把复制幻灯片的全部内容都粘贴出来。图片，是把左区复制的那张幻灯片作为图片粘贴到这一张幻灯片的工作区。图 2.49 是使用三种方法粘贴一个课件尾页的情况。

图 2.49

新建幻灯片。即插入一张没有背景，没有内容的空白幻灯片。

复制幻灯片。在选中的幻灯片下面，粘贴出一张与选中幻灯片一样的幻灯片。

删除幻灯片。即从课件中把选中的幻灯片删掉。

在这里还可以发布幻灯片、设置幻灯片的背景、版式等。

4. 对齐

对齐是对几个对象而言，指的是几个对象的相对位置。比如，使几个对象的顶端在同一条水平线上，再比如说，让几个对象水平平均分布。

操作方法：用 Shift 键，或者拖动的方法选中几个对象→双击选中区→在功能区"排列"栏目单击"对齐"按钮→在弹出的下拉菜单中选中一种对齐的方式。

【读者演练】

制作一个让小朋友认识四季的课件，有四张幻灯片，设置四个按钮，单击这些按钮可以在四张幻灯片里任意地切换（四季的图片在"E:\信息技术\第五节"里）。

第六节　Powerpoint 的高级操作

设计一个简单的自动判卷系统。

【编写意图】

（1）介绍菜单的设置。
（2）介绍控件工具的使用。
（3）介绍 Powerpoint 2010 的编程。

为有意深入研究 Powerpoint 2010 的读者引路，使他们对这个软件的深层技术有一个感性认识，为深入研究 Powerpoint 2010 奠定基础。

【任务】

开发一个考试软件，当学生把答案输入计算机后，计算机会自动地判断学生的答案是否正确，并且根据评分标准和答题的情况，算出试卷的得分数。

为了便于开发这个软件，我们对这个任务具体化为"出五道判断题：1. 李白是宋朝诗人。2. 岳飞的祖籍是河南省。3. 南阳幼儿师范隶属于邓州市人民政府。4. 南阳幼儿师范隶属于南阳市人民政府。5. 北京是中华人民共和国的首都。每题答对了记20分，答错了不计分。学生做完试卷，即统计出该试卷的得分。"

【任务分析】

五道选择题，分别用一张幻灯片承载，第一张幻灯片存放第一题，第二张幻灯片存放第二题，第三张幻灯片存放第三题，以此类推。判断题只有"对"和"不对"两种选择，"控件"菜单里的"复选框"只有"打对号"和"不打对号"两种状态。因此，我们可以用复选框来制作这些题目。

学生对题目做出判断，那么就要给学生分数，做对一题给20分，做错一题不给分，即记0分。分数必须显示在同一个地方，把考试的分数写出来还需要激发。"控件"菜单下的"文本框"是输入和显示文字的，"命令"按钮是用来激发操作的。所以，要想实现计算机自动判卷，在每一张幻灯片里还需要插入文本框和命令按钮。当然，命令按钮上要加载让计算机判断答题正误的命令、计分的命令、合计分数的命令等。这些命令代码都是固定的格式，不必担心记不住，到时候只要把它们复制到一个合适的位置，并做一下简单的修改就可以了。

【任务分解】

任务 1：在菜单栏里添加"开发工具"。

操作方法：单击"文件"菜单→单击"选项"→单击"自定义功能区"→在"主选项卡"下，在"开发工具"前的复选框里单击，使其前面带上"✓"→单击"确定"按钮。

这时候，我们会在菜单栏里看到"开发工具"这几个字。这就是"开发工具"菜单。

任务 2：把第一张幻灯片的背景设置为"画布"，插入一个复选框、一个文本框和一个命令按钮。

操作方法：按照以前介绍过的方法设置背景。单击"开发工具"菜单→单击"开发工具"功能区的"☑"（复选框控件）→在工作区拖放出一个复选框控件 CheckBox1。

单击"开发工具"功能区的"写着字母 AB"的按钮（文本框控件）→在工作区拖放出一个文本框控件 TextBox1。

单击"开发工具"功能区的"命令按钮"（命令按钮控件）→在工作区拖放出一个命令按钮控件 CommandButton1。

请读者一定要记住这些对象的名称，复选框叫 CheckBox1，文本框叫 TextBox1，命令按钮叫 CommandButton1，这在后面的编码中是非常有用的。如图 2.50 所示。

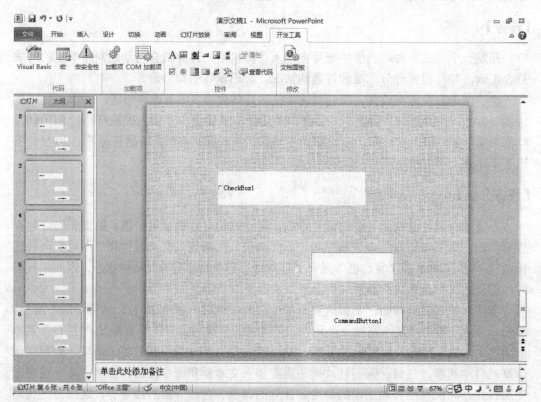

图 2.50

任务 3：复制第一张幻灯片，在它后面粘贴出 6 张。

操作方法：按照以前介绍的"复制幻灯片的方法"操作。

任务 4：编写试题。把第一张幻灯片里复选框的名称修改为"1. 李白是宋朝诗人。"把第二张幻灯片里复选框的名称修改为"2. 岳飞的祖籍是河南省。"把第三张幻灯片里复选框的名称修改为"3. 南阳幼儿师范隶属于邓州市人民政府。"把第四张幻灯片里复选框的名称修改为"4. 南阳幼儿师范隶属于南阳市人民政府。"把第五张幻灯片里复选框的名称修改为"5. 北京是中华人民共和国的首都。"

以第一张幻灯片为例。

操作方法：打开第一张幻灯片→右击"复选框"→单击"属性"→在"属性"对话框单击"按分类序"→在"外观"栏里，把"CheckBox1"修改为"1. 李白是宋朝诗人。"→单击"字体"栏"font"后面的省略号按钮→在弹出的对话框里选择字体、字号、颜色等，一般选择"二号"。

任务 5：把下面命令代码加载到各个按钮上。

```
"If CheckBox1.Value = True Then
TextBox1.Text = Val(TextBox1.Text) + 0
Else
TextBox1.Text = Val(TextBox1.Text) + 20
End If
Slide2.TextBox1.Text = Slide1.TextBox1.Text
SlideShowWindows(1).View.Next"
```

以第一张幻灯片为例

操作方法：打开第一张幻灯片→双击"命令按钮"→在光标闪动的地方粘贴这些命令代码。

其他张幻灯片仿照此操作。

代码的意义如下：

Private Sub CommandButton1_Click()

　　//当鼠标指针在按钮上按下的时候。

If CheckBox1.Value = True Then

　　//如果复选框 CheckBox1 的属性 Value 为 True。

TextBox1.Text = Val(TextBox1.Text) + 0

　　//那么文本框 TextBox1 里显示这个文本框里的数与 0 的和。

Else//否则。

TextBox1.Text = Val(TextBox1.Text) + 20

　　//文本框 TEXTBOX1 里显示的是这个文本框里原来的数与 20 的和。

End If//结束这个选择。

Slide2.TextBox1.Text = Slide1.TextBox1.Text

　　//第二张幻灯片里文本框 TextBox1 显示的是第一张幻灯片文本框 TextBox1 里的内容。

SlideShowWindows(1).View.Next//跳转到下一张幻灯片。

End Sub//结束命令。

CheckBox1.Value = True。//在复选框 CheckBox1 前面打上"✓"。CheckBox1.Value = flase//复选框 CheckBox1 前面没有"✓"是"□"我们可以据此修改命令按钮里的代码。

任务 6：修改判断题目正确与否和积分的代码。

第一张幻灯片里的命题"李白是宋朝诗人"和第三张幻灯片里的命题"南阳幼儿师范隶属于邓州市"是错误的，在试题的前面不打"✓"得 20 分，打"✓"得 0 分。用代码叙述就是

If CheckBox1.Value = True Then

TextBox1.Text = Val(TextBox1.Text) + 0

Else

TextBox1.Text = Val(TextBox1.Text) + 20

End If

和原来的代码一致，因此不需要修改。

第二张幻灯片、第四张幻灯片和第五张幻灯片里的命题都是正确的，在试题前面打上"✓"得 20 分，不打"✓"不得分。用代码叙述是

If CheckBox1.Value = flase Then

TextBox1.Text = Val(TextBox1.Text) + 0

Else

TextBox1.Text = Val(TextBox1.Text) + 20

End If

和原来的代码不一样。因此，要把这几张幻灯片里的英文单词 TRUE 换成 FLASE。

任务 7：修改分数传递的代码。

Slide，即幻灯片。Slide1 表示第一张幻灯片，Slide2 表示第二张幻灯片，SLIDE3 表示第三张幻灯片，其他以此类推。

第一张幻灯片按钮加载的代码 Slide2.TextBox1.Text = Slide1.TextBox1.Text，是把第一张幻灯片的分数传递给第二张幻灯片。第二张幻灯片按钮的作用是把第二张幻灯片上的分数传递给第三张幻灯片，代码就不能够还是老样子，要变成 Slide3.TextBox1.Text = Slide2.TextBox1.Text。其他以此类推。

第三张幻灯片按钮的传递代码是 Slide4.TextBox1.Text = Slide3.TextBox1.Text。

第四张幻灯片按钮的传递代码是 Slide5.TextBox1.Text = Slide4.TextBox1.Text。

第五张幻灯片按钮的传递代码是 Slide6.TextBox1.Text = Slide5.TextBox1.Text。

第六张幻灯片上显示的分数，就是学生的最终得分。

任务 8：修改文本框的属性。在第一至第五张幻灯片里显示分数文本框的属性。

操作方法：右击文本框→单击"属性"→单击"按分类序"→把"杂项"里 visible

的值设为 false。

任务 9：**取消单击鼠标切换。**

操作方法：单击"切换"菜单→在"计时"栏目，去掉"单击鼠标时"→选择"全部应用"。

【理论升华】

1. 控件

使用 Windows 操作系统，可以用它的写字板对文字做简单的处理，可以使用它自带的绘图软件画画，可以使用它的录音机录制声音和对声音做简单的加工。其实，Windows 操作系统就像一个多功能工具包，里面放着处理文字的工具写字板、画图的工具画图软件、录制声音和处理声音的软件录音机，还有很多其他功能的软件。

使用 Powerpoint 2010，可以插入文本框、艺术字、图片、图形、声音、视频、符号等，而且，可以在窗口对这些对象做一些简单的加工。这说明 Powerpoint 2010 与处理文字的软件、加工艺术字的软件、处理图片的软件、处理声音的软件、处理视频的软件之间存在必然的联系。我们使用它输入艺术字，其实是通过"插入"菜单下的"艺术字"按钮，调用和打开了加工艺术字的软件。如果没有这样的软件支撑，是不能够输入艺术字和改变艺术字的形状的。处理其他的对象，也是这个道理。Powerpoint 2010 可以调用的软件非常多，菜单栏显示的只是一部分。这些软件大部分被放在"C:\WINDOWS\SYSTEM32"里，关于文字方面的软件放置在"C:\WINDOWS\FONTS"里，其他地方也有。Powerpoint 2010 可以调用的软件被分成两个部分，一些常用的被放置在默认的菜单之下，不常用的、不宜操作的放置在"开发工具"菜单之下。通过"开发工具"菜单调用的软件就叫作控件。通常，我们把使用控件制作出的对象也叫作控件。比如，前面我们在第一张幻灯片里插入复选框，内容是"李白是宋朝诗人"。这个复选框就是一个文本框控件。

"开发工具"菜单下直接显示的控件并不多，有 11 种。如图 2.51 所示。

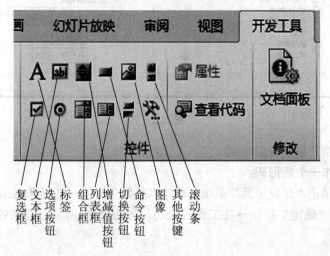

图 2.51

"其他"按钮之下隐藏的控件非常多，少则有 50 多项，多则有几百项。安装的软件多，而且先进，则控件多；安装的软件少，且比较落后，则控件少一些。计算机所有的功能，都可以在这里找到相应的控件。

2. 在菜单栏添加"开发工具"菜单

Powerpoint 2010 的默认窗口是没有"开发工具"菜单的，要使用控件，就要先在菜单栏里添加"开发工具"菜单。添加的方法如下：

单击"文件"菜单→在"文件"的下拉菜单单击"选项"命令→在"选项"对话框里单击"自定义功能区"→在"主选项卡"下，单击"开发工具"前面的"□"，使它带上对号，成为"☑"→单击"确定"按钮。如图 2.52 所示。

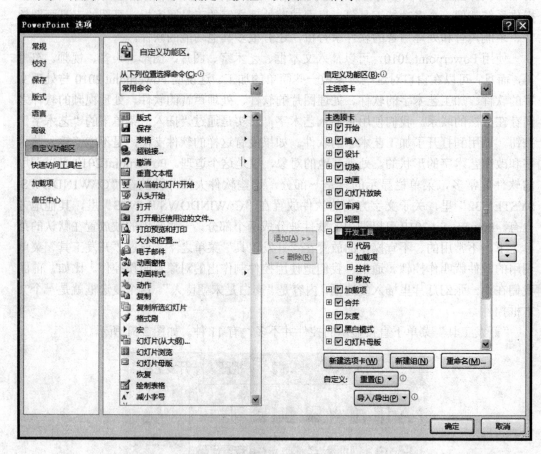

图 2.52

3. "其他"控件按钮应用举例

任务 1：制作一个条形码。

操作方法：单击"开发工具"菜单→单击"其他"按钮→选择"microsoft barcode 控件 14.0"→单击"确定"按钮→在工作区拖动。如图 2.53 所示。得到效果如图 2.54 所示。

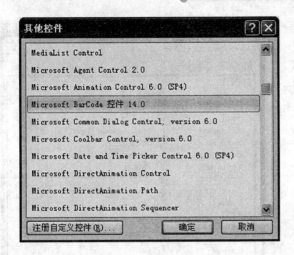

图 2.53

图 2.54

任务 2：制作一个日历。

操作方法：单击"开发工具"菜单→单击"其他"按钮→选择"Microsoft Date and Time Picker Control 6.0（SP4）"→单击"确定"按钮→在工作区拖动。放映幻灯片看到如图 2.55 所示效果。

4. 控件的属性

控件都有属性，这是与一般对象不同的。通过"插入"菜单插入的文本框，没有属性，插入的图片也没有属性，插入的其他对象都没有属性。而使用"开发

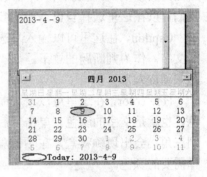

图 2.55

工具"菜单插入的控件都有属性。正是因为控件有属性，才使我们可以使用自己编写的命令来改变它的属性，这样增强了人与计算机的互动，能产生更好的效果。

不同的控件，其属性也不完全一样。但常用的控件，大部分属性是一样的。下面我们以文本框为例，介绍控件的属性。

在工作区的控件上右击，单击"属性"，可以打开控件的属性面板。图 2.56 是复选框的属性面板。

单击"按分类序"选项卡，可以把属性分成不同的栏目。对话框分左右两个部分，左边是属性的名称，右边是属性的参数，参数是可以修改的。修改属性，就是修改右边栏目里的参数。

（1）"图片"栏目有两项：picture 和 pictureposition。

Picture，图片的意思，即插入图片。单击它右边的空格，会出现"省略号"按钮，单击"省略号"按钮，出现"加载图片"对话框，在这里找到一幅图片打开，会替代复选框里的文字。如背景是电视机的复选框。如图 2.57 所示。

Pictureposition，图片的一些性质，比如在图片上添加文字和不在图片上添加文字，都可以在这里设定。默认是不添加文字。第 12 项是可以在图片上添加文字。

（2）外观。此栏目有 7 项。

Alignment，在这里可以确定复选框"□"的位置。它有两个参数，参数 0，表示复选框在右边；参数 1，表示复选框在左边。单击它后面的文本框可以选择参数。

Back color，在这里可以选择复选框的背景颜色。单击它的后面的文本框，会出现颜料盒，在颜料盒里选择自己所需要的颜色。

Back style，在这里可以选择是否要背景色。它有两个参数 0 和 1。0 表示不要背景色，1 表示要背景色。单击它的后面的文本框，会出现 0 和 1 两个参数，我们可以在这里选择自己需要的参数。

Caption，在这里可以输入复选框上的文字，作为判断题的题干。如"李白是宋朝诗人"。

Fore color，在这里可以设置前景颜色，也就是文字的颜色。单击它后面的倒三角，会出现颜料盒，在颜料盒里选择需要的颜色。

Special effect，在这里可以选择复选框的样式。它有两个参数 0 和 2。0 表示边线式复选框，2 表示立体式复选框。

Value，在这里可以选择是否在复选框里打"✓"。它有两个参数 flase 和 true。flase 表示复选框里没有对号，true 表示复选框里有对号。

（3）行为。这个栏目有六个项目。

Auto size，自动调整尺寸的意思。有两个参数 flase 和 true。flase 表示手动调整复选框的大小，true 表示自动调整复选框的大小。选择 true，当文字多的时候，复选框会自动变大，文字小和少的时候，复选框会自动变小。

Enabled 在这里可以确定是否启用复选框。有两个参数 flase 和 true。flase 表示不启用复选框。选择这个参数，复选框的文字是灰色的，不能够通过命令代码设置复选框的参数。true 表示启用复选框，选择这个参数复选框的颜色清晰，能够通过命令代码修改复选框的属性，实施人与计算机的对话。

Locked，很少使用。

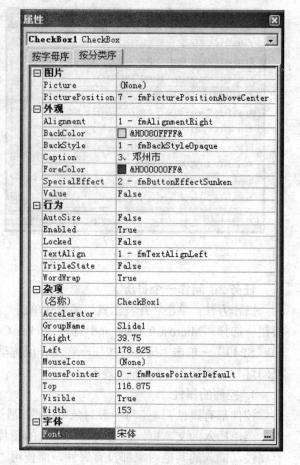

图 2.56

图 2.57

Text align，在这里可以选择段落的对齐方式。它有三个参数 1、2、3。1 表示左对齐，2 表示居中，3 表示右对齐。

Triple state，很少使用。

Word wrap，在这里可以设置文字是否换行。有两个参数 flase 和 true。flase 表示不换行，超出复选框的文字被截掉，不显示。true 表示换行，输入文字到行尾后，自动另起一行。

（4）杂项包括 10 个项目。

（名称），即复选框的名称。复选框的名称在编写命令代码的时候要用到，很重要。

Accelerator，很少使用。

Group name，很少使用。

Height，复选框的高度。

Left，复选框的横坐标。

Mouse icon，很少使用。

Mouse pointer，鼠标指针在复选框上的形状。当鼠标指针到复选框上时，形状发生什么样的改变，可以使鼠标指针变成小手、十字架等。

Top，复选框的纵坐标。

Visible，显示的意思。它有两个参数 flase 和 true。如果选择 false，那么复选框不显示，看不到复选框。如果选择 true，可以看到复选框。

Width，复选框的宽度。

（5）字体栏目。仅一项 font，单击它后面的格子，可以弹出字体设置对话框，在这里设置复选框上文字的大小、字体、粗细等。

5. 命令的下达

在本节所制作的课件中，当我们单击命令按钮的时候，计算机会自动地判断学生解答试题的正确与错误，把得分写在文本框里，计算出答过题目的得分，把上一张幻灯片上的得分传递给下一张幻灯片，并切换到下一张幻灯片。这些都是计算机执行我们事先编写好的命令代码的结果。计算机不是在编写好命令代码后，即刻执行命令，而是当我们下达开始操作的命令后，计算机才做这一切工作。不单击命令按钮，计算机不做这些工作。这说明命令按钮是一个专一向计算机下达命令的设备。

实现计算机和人的对话，一般要先制作一个用来下达命令的对象，即按钮，再在按钮上加载一系列让计算机如何工作的命令代码。在课件播放状态下，单击按钮，激发命令代码，就向计算机下达了操作命令，如果命令代码没有错误的话，那么计算机就会按照我们编写的命令代码进行工作。

按钮有多种，如，增减值按钮、切换按钮等。还可以把图片、文本框、标签作为按钮。常用的几个控件都可以作为按钮。双击一个控件对象，会弹出 VB 编辑窗口，出现两段英文代码，中间一行有光标闪动，在光标处输入正确的命令代码。那么就在这个控件上加载了命令代码，这个控件也就理所当然地承担起了下达命令的责任，成为按钮。

6. 人机交互举例

我们常说的人与计算机对话，简称人机交互。有时候说交互，也指人与计算机对话。

下面举两个简单的例子。

例如，在工作区拖放出三个文本框控件和一个命令按钮控件，按照拖放文本框的顺序，计算机自动地把三个文本框分别命名为 TextBox1、TextBox2、TextBox3，命令按钮的默认名称为 CommandButton1。在 TextBox1、TextBox2 里输入一些数，单击命令按钮 CommandButton1，在 TextBox3 里显示两个数的和。

设置人机交互的方法：

双击命令按钮 CommandButton1→在光标处编写如下命令代码：

TextBox3.text=val(TextBox1.text)+val(TextBox2.text)

再如，在工作区插入文本框 TextBox1、TextBox2，图片控件 Image1，命令按钮 CommandButton2。图片的属性 Auto Size 设置为 false。单击命令按钮，图片的长和宽发生变化，文本框 TextBox1 里的数是图片的宽，TextBox2 里的数是图片的高。

设置人机交互的方法：双击命令按钮 CommandButton2→在光标处编写如下命令代码：

Image1.Height = Val(TextBox1.Text)

Image1.Width = Val(TextBox2.Text)。

【读者演练】

在工作区拖放出三个文本框控件和一个命令按钮控件，按照拖放文本框的顺序，计算机自动地把三个文本框分别命名为 TextBox1、TextBox2、TextBox3，命令按钮的默认名称为 CommandButton1。在 TextBox1、TextBox2 里输入一些数，单击命令按钮 CommandButton1，在 TextBox3 里显示两个数乘积的 3 倍。

第三篇

用 Flash 8.0 制作课件

第三篇

用 Flash 8.0 制作课件

第三章　Flash 8.0 的简介与安装

【学习指导】

（1）了解 Flash 8.0 的功能，购买正版软件并安装。

（2）学会新建 Flash 文档。

（3）要大体知道 Flash 窗口各个部分的位置、形态及作用。

一、Flash 8.0 的简介

Flash 是 Macromedia 公司推出的一款优秀的矢量动画编辑软件，它有多个版本，其中 Flash 8.0 和 Flash 2004 的社会认可度最高。不少动画爱好者使用它制作动画，很多教师使用它制作课件。

从视觉上讲，动画可以分为两个大的类别，一类是平面动画，也叫二维动画，另一类是立体动画，也叫三维动画。平面动画的纵深感比较差，给人的感觉好像是物体在一个平面上运动；立体动画的纵深感比较强，给人的感觉好像是物体在空间运动。Flash 8.0 是一款开发平面动画的软件，使用它也能够制作出纵向移动的物体，但视觉效果不够理想。

Flash 8.0 有一个工具箱，里面放有一些绘图工具。可以使用它们绘制出各种各样的物品，也可以从外部导入图形（通常指利用绘图工具画出的图）和图片（通常指从外部导入的图）以及照片（指用照相机获得的图像）。使用 Flash 8.0 绘出的图占用的空间非常小，而导入的图占用的空间往往很大。绘画功底强的人，可以使用 Flash 8.0 里的工具自己画图，不会绘画的人可以从外部导入图形、图片和照片。用 Flash 8.0 可以绘图，但这并不是它的强项。它的主要功能是制作动画，能够把静止不动的图形变成运动的对象，赋予动物图形、植物图形和人物图形以生命，甚至也能够使桌椅板凳这些没有生命的物体活龙活现。因为它允许从外部导入图形、图片和照片，所以，即便是没有绘画功底的人，也可以使用它制作出很好的动画。

Flash 软件可以让课件中的物体做直线运动，也可以让物体做曲线运动，还可以让物体在运动的过程中发生形状上的变化。因而，使用这个软件，可以模拟飞机、子弹、火车这些走直线的物体的运动，也可以模拟小动物和人物走曲线的运动，还可以模拟炊烟、云彩、水流这些形状不断变化的事物。毫不夸张地说，Flash 软件可以模仿出世界上一切运动的事物。

另外，还可以使用工具箱里的打字工具给动画添加文字，或者从外部导入声音、视频、动画等元素，并且，很方便地把这些元素插入到自制的动画里面，使动画的内容丰富多彩，获得好的动画效果。

现在，网络已经深入到人们的生活之中。从网络上搜索一段声音、视频、动画、文字，都不难办到。所以，不会绘画、不懂音乐、不会录影的人，依然可以使用 Flash 8.0 制作出声情并茂、图文兼备的好课件。

二、Flash 8.0 窗口的打开方法

方法一：双击桌面上的图标███。

方法二：单击桌面左下角的"开始"按钮→选择"程序"命令→选择"Macro-media"→单击"Macromedia Flash 8"。

方法三：双击桌面上"学习软件"文件夹，双击图标███。

使用这三种方法都可以打开 Flash 窗口。其窗口的界面如图 3.1 所示。

图 3.1

四、新建 Flash 文档

新建 Flash 文档的方法有两种：

方法一：单击窗口中间的"Flash 文档"几个字就可以了。

方法二：单击"文件"菜单，选择"新建"命令，再单击"Flash 文档"，最后单击"确定"按钮。

五、认识 Flash 窗口

新建 Flash 文档后，可以看到默认的 Flash 窗口，如图 3.2 所示。

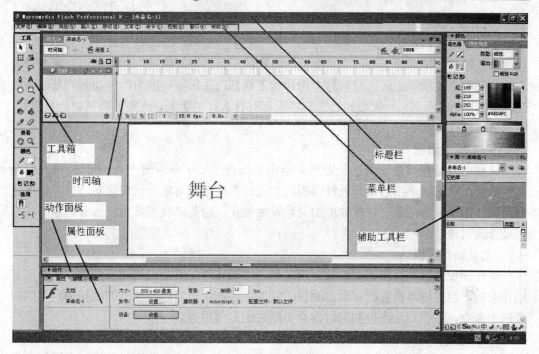

图 3.2

（一）标题栏

标题栏是窗口最上边的蓝色长方形，它包含该软件的版本信息、最小化按钮、最大化按钮和关闭按钮。

（二）菜单栏

菜单栏是窗口自上而下的第二个长方形，有"文件""编辑""视图""插入""修改""文本""命令""控制""窗口""帮助" 10 个按钮，这里是存放各种操作命令、工具的集散地。

（三）时间轴

时间轴是窗口自上而下的第三个横长方形。有"图层""帧"等信息，是一个显示图片位置和播放图片时间的地方。因为动画是由一系列连贯的静态图片连续播放产生的，时间轴显示的是各静态图片的位置和它们之间的相互关系。因此，时间轴是 Flash 8.0 软件的核心部件。

（四）舞台

舞台是窗口中间的空白长方形，是绘画、写字、放置视频、声音、动画的位置，也是一个制作加工静态图片的场地，类似于"画图"软件窗口的工作区。在这个区域里，可以画静态的图形，可以把从外部导入的图形、图片、照片、动画、视频、声音放在这里做深加工，获得教学需要的场景。

Flash 8.0 的创作者，把制作动画看作安排一场戏，无论是自己绘制的图画还是导入的图形、图片、照片、声音、动画、视频等对象，统统被看作是演员。这个空白的长方形，就是演员表演的地方，因此，把这个长方形叫作舞台。

（五）工具栏

工具栏是窗口左边第一个竖长方形。有"椭圆""画笔"等绘画工具，有"选择""任意变形"等修改图形的工具，有"颜色"填充的工具，有"缩放"和"手形"两个查看工具，还有"选项"工具。绘制静态图片的工具都放在这里。因为制作动画的基础是绘制静态的图片，所以，一定要知道工具栏里都有什么样的工具，这些工具是做什么用的，怎样使用这些工具。

（六）属性面板

属性面板是窗口最下面的长方形。单击"属性"二字左边的"黑三角"，可以收起属性面板，也可以单击它展开属性面板。它包含有被选中对象的一切信息，也可以通过修改属性面板里的信息，使被选中的对象发生变化。因此，我们常用它查看对象的状态以及修改对象。

（七）动作面板

动作面板是属性面板上面的长方形。单击"动作"二字左边的"黑三角"可以展开动作面板，也可以单击它收回动作面板。它的主要作用是向时间轴上的帧和舞台上的对象赋予命令。在学到动画控制的时候会讲到它的具体用途。

（八）辅助工具栏

辅助工具栏是窗口右边的竖立长方形。放有"颜色""库"等工具栏，也可以在这里添加和关闭其他临时需要的工具栏。

完成了 Flash 的软件安装，又熟悉了软件的各部分组成，接下来就可以进行课件制作了。

第四章　静态图形的制作

Flash 对人类的的显著贡献是能够把静态的图形对象转换成运动的对象。用 Flash 8.0 制作动画，必须得有静态的图形、图片或者照片，才能够制作出运动和变化的对象。如果从外部导入图形、图片和照片，那么制作出的动画，其实是对他人作品的深加工。要想得到有自主产权的动画，还是要自己动手绘制静态的图形和图片。绘制静态的图片是制作动画的基础，这一章，我们就来学习使用 Flash 8.0 自带的绘图工具绘制工具和图片。

第一节　丑小鸭

【学习指导】

（1）了解椭圆工具、颜色按钮、选择工具、任意变形工具的作用以及使用方法。

（2）会设置舞台的属性。

扫一扫

丑小鸭

【制作实例】

《丑小鸭》是著名儿童文学家安徒生编写的童话故事。故事讲的是一个母鸭子孵化出一群小鸭子，其中，有一只小鸭子比其他的兄弟姊妹都大，样子还长得很丑。妈妈和其他兄弟姊妹都瞧不起它，捉弄它、排挤它，还叫它丑小鸭。鸭妈妈和其他孩子们都下水学习游泳和捉拿小鱼小虾，而丑小鸭却在岸边发愁，不敢下水。冬去春来，丑小鸭脱毛之后，蜕变成一只美丽的白天鹅。

任务： 给这个童话故事配一幅图。鸭妈妈在水里教其他孩子游泳、捉拿小鱼小虾，丑小鸭却不敢下水，是这个故事的一个主要环节。我们就把这个环节用图片表现出来。

任务分析：既然是使用 Flash 8.0 制作图片，当然需要先打开 Flash 8.0 的窗口，新建一个 Flash 文档，然后才能够在窗口的舞台上绘制图片。

这幅画中的元素有水、鸭妈妈和丑小鸭，还可以画荷叶等水生植物来装饰画面。我们可以用蓝色的背景来表现无垠的水面。因为鸭子的头、身体、荷叶都是椭圆形的，所以，可以使用椭圆工具画出鸭子和荷叶。

操作方法：

1. 设置背景为蓝色

单击"工具栏"中的"实箭头"（这个操作是告诉计算机下一步将进行的是选择操

作）→单击舞台（这个操作，表明已经选择了舞台，窗口下面的属性面板显示的是舞台的信息）→单击"背景"二字后面的正方形按钮（弹出颜料盒）→选择"海蓝色"（可以看到舞台变成了海蓝色）。

思考题：怎样把舞台的背景设置成红色？

2. 在舞台的右下角画陆地

单击"工具栏"中的"椭圆"工具→单击"工具栏"下边的"笔触颜色"按钮→单击"有斜线的正方形"（是一个"取消笔触颜色"的按钮）→单击"工具栏"下边的"填充色"按钮→单击"土黄色"→在舞台的右下角拖动出几个椭圆表示地面，如图 4.1 所示。

图 4.1

3. 画荷叶

荷叶是绿色的，为了使荷叶好看一些，可以用带有黑色边线的绿色填充椭圆表示荷叶。

单击"椭圆"工具→笔触颜色选择"黑色"→填充色选择"绿色"→在舞台上拖放出一些椭圆。如图 4.2 所示。

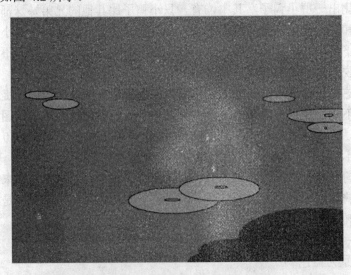

图 4.2

4. 画一只鸭子

单击"椭圆"工具→笔触颜色选择"黑色"→填充色选择"灰色"→在舞台的空白处，按照鸭子身体各部分的比例，画一些椭圆表示鸭子的嘴、头、眼睛、身体和尾巴。如图 4.3 所示。

注意：这些椭圆不能够交叉，以免影响后续操作。

图 4.3

单击"实箭头"→用拖放的方法选中椭圆→用拖动的方法把它们移动到合适的位置。如图 4.4 所示。

图 4.4

5. 画一群鸭子

用实箭头拖放的方法选择鸭子→单击工具栏里的"任意变形"工具→把鼠标放到控制点上拖动，改变鸭子的大小。如图 4.5 所示。

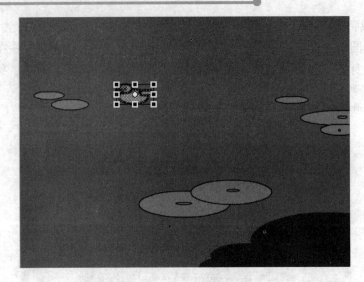

图 4.5

在鸭子上单击鼠标右键→在弹出的快捷菜单中选择"复制"→再单击右键选择"粘贴"→移动鸭子的位置→再单击右键选择"粘贴"→如此反复，移动粘贴出一群鸭子，如图 4.6 所示。

图 4.6

6. 画丑小鸭

画丑小鸭的方法与画鸭子的方法相同，只不过这里画出的椭圆不要边缘线，而且填充色为黄色。

选择"椭圆"工具→取消笔触颜色→填充色选择"黄色"→在舞台上空白处，拖放出一些椭圆表示丑小鸭的嘴、头、身体、尾巴，再画一个红色的圆表示丑小鸭的眼睛→用实箭头把他们拖放到合适位置组合成一个丑小鸭。如图 4.7 所示。

图 4.7

【操作研究】

通过前面的操作，可以了解工具栏里一些工具的作用和使用方法。

（1）"实箭头"的主要作用是选择对象和移动对象。使用的方法是单击实箭头后，再单击要选择的对象或者用拖放的方法选中对象，也常使用它移动对象。

（2）"任意变形"工具的作用是改变对象的宽窄、大小和放置的角度。可以先用实箭头选中对象，再单击"任意变形"工具；也可以先单击"任意变形"工具，再单击对象；最后，拖动控制点。

（3）"椭圆工具"的作用是画椭圆，可以画椭圆圈、椭圆面和既有边线也有面的椭圆。它的画法一般分以下几步：第一步：在工具箱里选择椭圆工具；第二步：选择颜色（笔触颜色和填充色）；第三步：画椭圆，按下 Shift 键，可以画出正圆。

（4）"线条工具"的作用是画直线。一般要先单击线条工具按钮，再选择笔触颜色，再在属性面板里选择线的粗细等，最后，在舞台上用拖放的方法画出直线。

（5）要修改对象，必须先选中对象。

注意的问题：有很多初学者，想在某个位置画一个椭圆，画出的椭圆往往不在理想的位置。这是因为他们不熟悉椭圆工具或者使用椭圆工具太少的缘故。我们拖动鼠标画出的是一个椭圆，其实它有一个看不见的外接矩形，起笔点是矩形的一个顶点，落笔点是其对角线上的另一个顶点。画椭圆的时候，心中想着这个椭圆的外接矩形，就容易把椭圆画到理想的位置。也可以像前面画鸭子那样，先画一些椭圆，然后移动椭圆到合适的位置。

【读者演练】

（1）画一个穿着蓝上衣、黄裤子的小孩。

（2）画出如图 4.8 所示的汽车轮子。

制作提示：橡胶胎是一个带边线的、放射性填充的正圆。边线的类型是虚线。线形要在椭圆的属性面板里设定。

图 4.8

第二节　草原晨曦

【学习指导】

（1）会设置舞台的大小。

（2）能够使用线条工具、任意变形工具，熟练使用椭圆工具，初步了解长方形工具，并能够调整它们的属性，初步感知混色器。

（3）会调整舞台显示比例。

扫一扫

草原晨曦

【制作实例】

任务：绘制一幅宽 1100 像素、高 400 像素的草原早晨的景色。

任务分析：草原，有广袤的草场，蔚蓝的天空，轻纱般的白雾，晨雾笼罩下隐约可见的树木和喷薄而出的朝阳。我们可以把一个长 1100、宽 400 的长方形，下面涂上绿色表示草原，上面涂上蔚蓝色表示天空，中间不涂色表示白雾，用一些半个绿色椭圆表示树木，完整的红色圆表示太阳。

操作程序：

1. 新建 Flash 文档

2. 设置舞台的大小

单击舞台，观察窗口下面的属性面板，显示舞台的宽为 550 像素，高为 400 像素。而我们要的是宽为 1100 像素，高为 400 像素的画面。所以，需要重新设置舞台的大小。怎样设置呢？

操作方法：鼠标单击工具栏中的实箭头（提示计算机，下面将要进行"选择"操作）→单击舞台（选择了舞台即打开了舞台的属性面板）→单击属性面板里的"550×400 像素"按钮（屏幕上出现了舞台大小设置对话框）→把"550"修改成"1100"→单击"确定"按钮。如图 4.9 所示。

思考题：怎样修改舞台的颜色？

基本规律：修改舞台信息分两步，先用实箭头单击舞台，再修改属性面板里的信息。

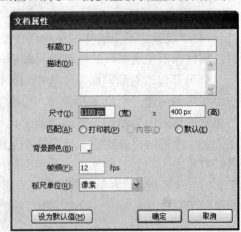

图 4.9

3. 调整舞台的显示

舞台变大以后，有一部分舞台没有显示，怎样把这部分舞台也显示出来呢？

操作方法：单击时间轴右上角"100%"后面的"倒三角"，选择"显示帧"。

思考题：如果舞台上的对象太小，看不清楚，怎么办？怎样把舞台放大到原来的200%？

4. 画长方形

任务：画一个下绿、上蓝，长 1100，高 400 的长方形。（本书中图形的长宽如果没有特殊说明其单位均为像素）

操作方法：第一步：画一个没有边缘、左边蓝、右边绿的长方形。

单击工具栏里"长方形"按钮→单击工具栏下面的"笔触颜色"按钮→单击"带斜线的正方形"按钮（表示取消边缘颜色）→单击"填充色"按钮，选择颜料盒左下角的"渐变"按钮→在舞台上拖放出一个色彩渐变的长方形。

选择工具栏里的"实箭头"后再单击这个长方形（即选中这个长方形）→单击窗口右边"混色器"中渐变颜色长方形下面、右边铅笔状滑动按钮，选择颜色图中的天蓝色，并通过拖动指向左的黑三角调整颜色的浓度→如法炮制，把渐变颜色长方形的左边设置成绿色→单击两个按钮中间，再添加一个按钮，并把颜色设置为白色。如图 4.10 所示。

图 4.10

第二步：旋转长方形，使它的上边为天蓝色，下边为草绿色。

单击舞台上的长方形→单击工具栏里的"任意变形"工具（也可以右键单击长方形，选择"任意变形"工具）→把鼠标放到长方形的顶点处，当鼠标成圆弧状时拖动鼠标，使其上边为天蓝色，下边为草绿色。

第三步：设置长方形长 1100，宽 400，坐标 x：0，y：0。

在工具栏中选择实箭头后单击长方形→把属性面板里的长、宽、x、y 分别修改成"长为 1100，宽为 400，坐标 x：0，y：0"→单击"回车"键。

5. 画树木

第一步：锁定图层 1。

单击图层 1 上与小锁对应的小黑点。可以看到小黑点变成了小锁，它表示此图层已经被锁定，不论怎样操作都不会影响到此图层。

如果要继续加工这个图层就需要解锁。单击小锁，就可以解除这个图层的锁定。

第二步：新建图层 2。

方法一：单击时间轴左下角的"插入图层"按钮。

方法二：单击"插入"菜单→选择"时间轴"命令→单击"图层"。

第三步：在图层 2 第一帧画一棵树。

选择"椭圆"工具→取消笔触颜色→用渐变填充→把椭圆的颜色设置成一边白、一边绿→用"任意变形"工具旋转椭圆，使其变为上绿下白→单击"线条工具"→选择笔触颜色为"灰色"→用拖放的方法画出树干和树枝。如图 4.11 所示。

图 4.11

第四步：做一片小树林。

用实箭头拖动的方法选中这棵小树→右键单击选中的小树→在弹出的快捷菜单中选择"复制"并"粘贴"→用拖动的方法移动小树的位置→用"任意变形"工具改变小树的大小和形状。如图 4.12 所示。

图 4.12

第五步：画一轮黄边红面的太阳。

选择"椭圆"工具→笔触颜色选择"黄色"，填充颜色选择"红色"→在屏幕上拖放出一轮红日。如图 4.13 所示。

图 4.13

第六步：添加云丝。

选择"椭圆"工具→取消笔触颜色→填充颜色选"白色"→在舞台上横向拖放出一些细扁的椭圆。如图 4.14 所示。

图 4.14

【操作研究】

在这一节，我们使用了椭圆和长方形两个绘图工具。其方法都是先单击工具栏里的画图按钮，接着选择笔触颜色和填充颜色，然后，在舞台上拖动出图形，最后再在混色器里调整颜色，使用"任意变形"工具改变图形的形状，或者使用属性面板修改其属性。这是使用画图工具的基本方法，其他画图工具也是这样使用的。概括起来说就是"选择工具→确定颜色→拖动图形→修改图形"。

【读者演练】

给古诗"孤帆远影碧空尽"配一幅图。

第三节　儿歌《小草》

【学习指导】

（1）了解矩形工具、铅笔工具、混色器的用途和使用方法。

（2）会设定舞台的显示比例。

（3）能够插入图层，锁定图层和给图层解锁。

（4）建立使用属性面板的意识。

（5）要先模仿画图，在画图的过程中体会各种工具的用途和使用方法，从中找出规律性的东西。

扫一扫

小草

【制作实例】

歌词：

没有花香，没有树高，我是一棵无人知道的小草。从不寂寞，从不烦恼，你看我的伙伴遍及天涯海角。春风啊！春风，你把我吹绿。阳光啊！阳光，你把我照耀，河流啊！山川，你哺育了我，大地啊！母亲，把我紧紧拥抱。

没有花香，没有树高，我是一棵无人知道的小草。从不寂寞，从不烦恼，你看我的伙伴遍及天涯海角。春风啊！春风，你把我吹绿，阳光啊！阳光，你把我照耀。河流啊！山川，你哺育了我，大地啊！母亲，把我紧紧拥抱。

春风啊！春风，你把我吹绿，阳光啊！阳光，你把我照耀。河流啊！山川，你哺育了我，大地啊！母亲，把我紧紧拥抱。

任务： 画出儿歌《小草》的情景。

任务分析：这首儿歌描绘的情景里有小草、大树、鲜花、山川、河流、太阳元素，而且是春天的景色。从季节上考虑，图片应该是以绿色为基调的，即以绿颜色为主。小草遍地都是，所以，从主体对象的角度应该把绿色作为主色调。我们可以以鲜花和部分小草作为前景，大树作为中景，山川、太阳、白云、河流作为远景。把背景设为天蓝色，表示天空。

操作方法：

1. 新建 Flash 文档

仿照《丑小鸭》文档的设置方法操作。

2. 把背景设置为天蓝色

仿照《丑小鸭》背景的设置方法操作。

3. 设置舞台显示比例为"显示帧"

单击时间轴右上角 100%后面的倒三角再单击"显示帧"。

思考题：如果舞台太大，内容看不全怎么办？如果舞台太小，对象看不清楚又怎么办？

4. 画大地

选择"矩形"工具→单击工具栏下

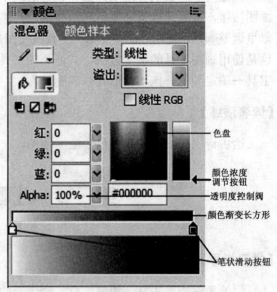

图 4.15

边的"笔触颜色"按钮→单击"带斜线的正方形"按钮（意为取消笔触颜色）→单击"填充色"按钮→选择"颜料盒"左下角的"渐变"按钮→在舞台上拖放出一个长方形。

选中这个长方形→单击右边的"笔状滑动按钮"→单击"色盘"中的绿色区域→拖动"颜色浓度调节"按钮，观察"颜色渐变"长方形，得到合适的颜色后松开鼠标。如图 4.15 所示。

想一想：左边的"笔状滑动按钮"管理的是长方形哪部分的颜色？

　　在两个"笔状滑动按钮"之间单击，会出现一个新的"笔状滑动按钮"，向左、右拖动它，可以改变白色区域的大小。拖动这个"笔状滑动按钮"，把白色区域调整成一条线。

　　想一想：怎样在长方形里增加渐变颜色？

　　使用"任意变形"工具转动长方形，使其变为下绿上白→在属性面板里把长方形的宽设为550，让它和舞台一样宽，高设为300，达到舞台高的四分之三，坐标设为 x：0，y：100→单击"回车"键。

　　5. 画山川

　　在长方形上单击右键→在弹出的快捷菜单中选择"复制"→单击时间轴上图层1与小锁对应的点，锁定图层 1（在解锁之前，任何操作都不会影响到它）→点击时间轴左下角的"插入图层"按钮添加图层2→单击图层2第一帧→在舞台上单击右键→在弹出的快捷菜单中选择"粘贴"（把刚才复制的大地粘贴到图层2的第一帧）。

　　选中这个长方形→再选择"任意变形"工具→把鼠标放到下边的控制点上，当鼠标呈双向箭头时，拖动长方形，把长方形压缩成一个小长条→用混色器调整长方形的颜色，使它呈山的颜色。

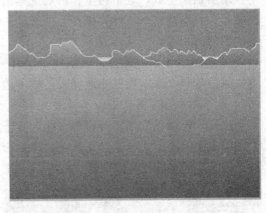

图 4.16

　　选择"铅笔"工具→笔触颜色选择"白色"→单击工具栏下边"选项"右下方的按钮→选择"墨水瓶"→在属性面板里选择"实线"下的"极细"→在这个长方形上画山的形状。

　　选择实箭头后在山外的部分单击鼠标右键→在弹出的快捷菜单上选择"剪切"（也可以敲击键盘上的 Del 键删除不需要的部分）→用实箭头移动山的位置。如图4.16 所示。

　　6. 画太阳

　　用椭圆工具画一个黄色边缘，红面的圆代表太阳。

　　7. 画云丝

　　选择"椭圆"工具→取消笔触颜色→选择白色填充→在空中拖放出一些极窄的椭圆线。

　　8. 画河流

　　锁定图层2→打开图层1→选择"铅笔"工具→笔触颜色选为"深绿色"→在草地上拖放出河的边缘→在工具栏里单击"颜料桶"工具→填充色选择为"渐变"→在河流处单击→使用混色器把水流设计成蓝色渐变。如图4.17 所示。

　　9. 画树木

　　锁定图层1→单击图层2→插入图层3（观察图层3的位置，想一想怎样在图层1和图层2之间插入图层？）。

　　单击图层3的第一帧（意思是要对这一帧操作）→选择"椭圆"工具→取消笔触颜

色→填充色选择"放射状"（颜料盒最下排左起第二个按钮）→在舞台上拖放出一个黑白渐变的椭圆→使用混色器把它变成一个内绿外白的椭圆作为树冠→单击"线条"工具→笔触颜色选择"灰色"→用拖放的方法画出树干。如图 4.18 所示。

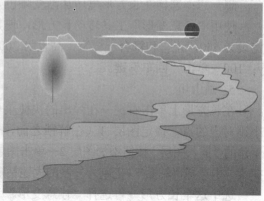

图 4.17　　　　　　　　　　　　　　图 4.18

用实箭头拖放，选中树干和树冠→单击"编辑"菜单→选择"复制"并"粘贴"→用实箭头移动树木→依此类推，再用拖动的方法选中这些树木→用"任意变形"工具改变他们的大小。如图 4.19 所示。

锁定图层 3，在图层 3 中新建图层 4→单击图层 4 第一帧→选择"铅笔"工具→笔触颜色选择"深灰色"→选择工具栏下边"选项"中的"平滑"→在舞台的左下角画两条线，表示花的茎→像写字母 e 一样画一些圈圈代表花的叶子→选择"颜料桶"工具→选择"鲜绿色"填充→再单击花的叶子，这样就给叶子涂上了颜色。

单击工具栏的"刷子"工具→选择"粉红色"填充→在工具栏下面的选项里，选择刷子的大小和形状（一般选择"圆形"）→在舞台上画出花瓣组成花朵。如图 4.20 所示。

图 4.19　　　　　　　　　　　　　　图 4.20

10. 画鲜花

11. 画小草

用"铅笔"工具并选择深绿色画出草的轮廓→用"颜料桶"工具填充"重绿色"→画出小草的眼睛和嘴巴。如图 4.21 所示。

图 4.21

【操作研究】

这一节使用到了"矩形"工具、"线条"工具、"铅笔"工具以及混色器。这些工具各有各的用途和使用方法。

①矩形工具的作用是画矩形，可以画矩形线框、矩形面，也可以画既有边框又有面的矩形。一般要先单击"矩形"按钮，再选择笔触颜色和填充色，最后用拖放的方法在舞台上画出矩形。

②铅笔工具的作用是画曲线，可以画任意曲线包括平滑的弧线和折线。一般先选择"铅笔"工具，再选择笔触颜色，再在"选项"里选择线的类型，有时候还要在属性面板里选择线的粗细，最后在舞台上拖放出线条。

③混色器是专门用来修改颜色的工具。一般要先选中要修改颜色的对象，单击笔状滑动按钮指明修改哪部分颜色，在色盘中选择需要的颜色，再拖动颜色浓度按钮使颜色达到理想的程度。单击两个笔状滑动按钮之间，可以任意添加过渡颜色。

另外，我们还学习了如何设定舞台显示比例，图层的插入、锁定、解锁以及复制、粘贴。

①舞台大小的设置。单击时间轴右上角的 100%，可以打开舞台显示比例下拉列表，即可以选择合适的舞台大小，通常选择"显示帧"，当有些对象找不到的时候，会选择"显示全部"；当对象太小，看不清楚时候，会选择比较大的显示比例。

②图层的概念。我们在一个玻璃板上画一座房屋，在另一张玻璃板上画一棵树。把两块玻璃板重叠在一起，当把画有树的玻璃板放在上面的时候，看到的是在房屋的前面栽了一棵树；当把它放到后面的时候，看到的是在房屋的后面栽了一棵树。我们把这样画有图画的玻璃板叫作图层。

在 Flash 里，复杂的图片是由许多图层组成的。一个图层可能画有一个对象，也可能有几个对象，许多个图层重合在一起，就组成了一幅丰富多彩的画卷。

简单地说，图层就是存放图画的层面。

③插入图层最简单的方法是单击时间轴左下角的"插入图层"按钮，也可以在"插入"菜单中选择"时间轴"命令下的"图层"。新图层总是出现在选中图层之上。比如说，

我们在选择图层 7 的前提下插入了图层，那么新建的图层就会出现在图层 7 的上面，紧挨着图层 7。

插入图层一般要先考虑在哪个图层之上添加，再单击这个图层（默认的是正在操作的图层），然后单击"插入图层"按钮。

注意，上面的图层如果覆盖下面的图层的，可能会遮挡住某些内容，所以插入图层要谨慎。

④图层加锁。当有多个图层的时候，如果对图层不加锁定，那么操作很可能被执行在不需要加工的图层，给课件制作带来麻烦。所以，通常完成一个对象的操作，就把这个图层锁定，需要修改的时候再解锁。加工哪个图层，就解开哪个图层，而锁定其他图层。

【读者演练】

绘制童话故事《小马过河》的情景图，注意不必画马。

第五章　帧动画的制作

动画有多种类型，帧动画是其中的一种。使用 Flash 8.0 软件可以制作六种动画，其中，帧动画是最基本的一种。虽然，其他五种动画的制作方法和界面的表现形式与帧动画不同，但是原理是一样的，也都可以通过一定的途径转换成帧动画。可以说，学习帧动画是学习其他动画的基础。学习 Flash 动画制作，如同建造房屋，我们掌握了帧动画的制作方法和操作程序，相当于建好了房屋的第一层，然后建造房屋的第二层、第三层、第四层就容易多了。所以说，若要学习 Flash 动画课件的制作，首先要学好帧动画的制作。

第一节　会说话的小鸟

【学习指导】

（1）了解"部分选择工具"的用途和使用方法。

（2）知道时间轴上各种标记的意义，会转换关键帧和空白关键帧。

（3）了解帧动画的概念和工作原理。

（4）初步了解素材的导入和调用。

（5）会测试影片。

扫一扫

会说话的小鸟

【制作实例】

幼儿受词汇量的限制思维非常开放，常常将动物、植物和静态的物品拟人化，并与它们对话。比如，《狼外婆》的故事中就是把狼拟人化；再比如说《玩具总动员》这部电影也是把静止不动的物品拟人化。

幼儿园的课件是为幼儿教育教学服务的。有些课件需要对动物、植物和静态的物品做拟人化处理。作为未来的幼儿教师，应该会制作拟人化的动画。

任务：做一个会说"同学们好！"的小鸟。"同学们好！"的声音以"说话声"为名，放在 D 盘的名为"会说话的小鸟"的文件夹里。

任务分析：动画的对象肯定是小鸟了。小鸟说话用的是嘴巴，身体、翅膀、腿和爪子对说话没有影响。为了突出主题，可以只画小鸟的头部。小鸟头部的外形是椭圆，眼睛是圆，所以，这些部位可以使用"椭圆"工具画出。小鸟的嘴巴是尖尖的，可以使用"线条"工具画出轮廓，再使用"颜料桶"工具填充。最后把鸟的头画成灰色，眼睛画成红色，嘴巴画成黄色。

操作方法：

1. 在第一帧画一个鸟头

用"椭圆"工具画出一个黑边、灰色面、较大的椭圆表示鸟的头颅（你会发现这一帧的小圆圈变成了小黑点。想一想：这个变化说明了什么？）→在小鸟的头颅外，画出一个白边、红面、较小的正圆表示小鸟的眼睛→用实箭头把鸟的眼睛移动到合适的位置→用"线条"工具画出鸟嘴的黑色轮廓线→再用"颜料桶"工具填充上黄颜色，在鸟嘴处单击。如图5.1所示。

图 5.1

2. 在第三帧修改鸟嘴

选择第三帧→在第三帧处单击鼠标右键，在弹出的快捷菜单中选择"转换为关键帧"。（你会发现，第三帧的小长方形里出现了一个小黑点，想一想这说明了什么？）

单击工具栏里的"空心箭头"（在工具栏的右上角，它叫作"部分选取工具"）→鼠标移动到鸟头的边线处时会变成空心箭头加小黑点，此时单击（看一看，鸟头发生了什么变化？）→再单击鸟嘴尖端的空心点（看看这个点发生了什么变化？）→向外拖动这个实心点，使鸟嘴张得稍微开一些。如图5.2所示。

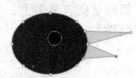

图 5.2

3. 在第五帧修改鸟嘴

仿照第三帧的做法，把第五帧转换为关键帧，使鸟嘴的开口更大一些。效果如图5.3所示。

图 5.3

4. 测试影片，观察制作的效果

选择菜单栏"控制"项下拉菜单中的"测试影片"命令，你会发现小鸟的嘴不停地张、合，好像在说话一样。但是，似乎发不出声音。这是为什么呢？这是因为，我们没有在动画上附加声音。要想让小鸟在张嘴说话的时候发出"同学们好！"的声音，就必须给这个动画添加声音。

5. 把D盘下"会说话的小鸟"文件夹里的声音文件"说话声"插入到这个动画中

单击"文件"菜单→选择"导入"命令→再选择"导入到库"→找到D盘下"会说话的小鸟"文件夹里的"说话声"文件，并双击它（注意观察窗口右边"库"字下面的变化）→锁定图层1→新建图层2→单击图层2第一帧→从库中把"说话声"文件拖放到舞台上，当鼠标变成一个空心箭头和两个虚正方形的时候，松开鼠标。

6. 重新测试影片，观察效果

在菜单栏选择"控制"选项，在下拉菜单中选择"测试影片"。

7. 保存

单击"文件"菜单→选择"保存"命令→指定保存位置→输入文件名→单击"保存"按钮。

8. 导出

以"会说话的小鸟"为名，选择gif格式，把这个动画导出到D盘下。单击舞台下面的"发布设置"按钮，打开"发布设置"对话框，如图5.4所示。

单击"格式"选项卡→勾选"GIF 图像"并取消其他选择→把后面对应的"未命名-1"改成"会说话的小鸟"→在后面的文件夹图标处选择路径为"D 盘"→在弹出的快捷菜单中单击"保存"按钮→最后单击"发布"按钮。

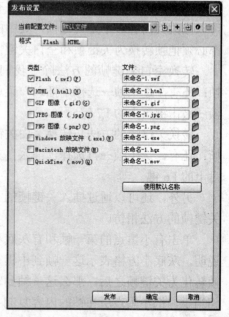

图 5.4

【操作研究】

通过前面的介绍，细心的人会发现时间轴上的一些秘密。

1. 时间轴的构造

时间轴主要由图层构成，每一个图层都是由成千上万的小方格组成，这样的小方格叫作"帧"，"帧"就是"幅"的意思。一幅画，可以说成是一帧画；一帧画，也可以说成是一幅画。这里的帧，指的是存放动画对象的位置。我们在第一帧画了一个嘴巴开口不大的鸟头，就是在图层 1 的第一个存放动画对象的位置存放了一幅鸟头的画。后来，把第三帧转换成了关键帧，第三帧也出现了和第一帧一样的鸟头，我们修改了这一帧小鸟嘴巴的开口大小，得到了另一幅画。其实就是在第三帧存放了一幅嘴巴开口稍微大一点的鸟头。后面，时间轴后面那些空白的小方格，表示没有放置任何对象的放图位置。每一帧的播放时间大约 1/20 秒。按照从左向右的顺序依次轮流展示帧内的对象。如图 5.5 所示。

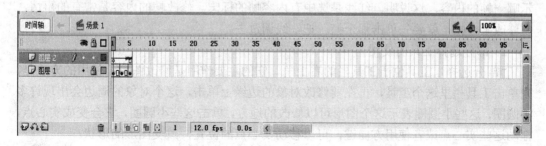

图 5.5

帧上有几种标记：空白小方格、蓝色小方格、红色的竖立线、小圆圈、小黑点、灰底小方格、波形线。

空白小方格仅仅表示放置动画对象的一个位置，没有任何内容。

若单击空白小方格，它会显蓝。这实际上标志着已经选中了这个帧。所以，蓝色小方格表示选中的帧。选择帧的方法很简单，就是单击要选择的帧。

我们新建一个 Flash 文档的时候，图层 1 的第一帧是一个小圆圈，舞台上什么也没有。当我们在第一帧画鸟头的时候，第一帧变成了小黑点。这说明小圆圈是一个可以加工的帧，但是暂时没有内容。小黑点代表的是有内容的、可以进一步加工的帧。我们把有小圆圈和小黑点的帧叫作关键帧，有小圆圈的帧还叫作空白关键帧。只有关键帧，才可以修改其内容。不是关键帧，其中的内容是不能够修改的。所以，加工对象的时候，都必须把帧转换为关键帧和空白关键帧。

转换空白关键帧的方法除了我们已经使用过的选中帧→右击帧→转换为空白关键帧；还有，选中帧→选择"插入"菜单下的"时间轴"命令→空白关键帧；以及，选中帧→敲击键盘上的 F7 键。

转换关键帧的方法与转换空白关键帧的方法类似，有选中帧→右击帧→转换为关键帧；还有，选中帧→再选择"插入"菜单下的时间轴→关键帧；以及，选中帧→敲击键盘上的 F6 键。

另外，还可以通过插入关键帧的方法，活动关键帧。插入关键帧的方法与转换空白关键帧的方法相仿。

单击有小黑点的第一帧和有灰底小方格的第二帧，你会发现舞台没有发生变化。这说明，灰底小方格表示这一帧到小黑点之间各帧的内容一样。同时也告诉我们，把某一帧转化为关键帧之后，那么这一帧到它前面第一个小黑点所在的帧的内容都是一样的。相当于，把小黑点所在帧的内容复制并粘贴到了各个帧。我们把一帧做好后，把第三帧转换为关键帧，结果第二帧、第三帧鸟头和第一帧鸟头一样。一般来说，我们要制作与前面变化不大的帧和前面一样的帧，通常把这个帧转换为关键帧。如果要在某一帧另外作画，那么就要把它转换为空白关键帧。

图层 2 放置的是声音，有波形线。图层 1 放置的是图片，没有波形线。这说明波形线是放置声音的标志。

在有内容的帧上单击，单击到哪个帧，竖立的红线就会出现在哪个帧，舞台上就显示哪一帧的内容。这说明，红线是选中有内容帧的标志。修改帧的内容是常有的事情，要修改某个帧，就要先单击那个帧，把红线调过去。

2. 部分选择工具的使用

"部分选择"工具位于工具栏的右上角，它的主要作用是修改图形。使用的方法是，先单击工具栏里这个工具，再在要修改对象的边缘上单击，这个对象的周边会出现许多小圆圈，这些小圆圈表示这个图形可以修改的地方。单击这些小圆圈，它会变成实心点，拖动这些实心点或者使用方向键，可以移动实心点的位置，改变图形的形状。

这是一个非常有用的工具。通常，工具栏提供的绘图工具是非常有限的，怎样才能用这几个工具画出五彩缤纷世界里的千姿百态呢？靠的就是这个工具。比如说，人的心脏接近圆。我们可以先画一个红色的圆，使用这个工具在圆的下面拉出一个尖，把圆的上面向下压，让它变得扁平一些，就得到了一个心脏的图形。

3. 帧动画的概念和工作原理

制作这个动画，我们做了三张不同的图片，第一张是嘴巴微张的鸟，第二张是嘴巴张得稍微开一点的鸟，第三张是嘴巴完全展开的鸟。第一张鸟图放在第一帧和第二帧，第二张鸟图放在第三帧和第四帧，第三张鸟图放在第五帧。播放的时候，这三张图片，从时间轴的左边向右依次重复展示。我们先看到嘴巴微张的鸟，接着看到嘴巴张得稍开的鸟，接着看到嘴巴张得更大的鸟。在视觉暂留的作用下，就感到鸟嘴在运动。因为是重复播放，所以，给我们的感觉是小鸟不停地张开嘴巴。

像这样，在不同帧里放置一些有关联的图片，连续播放产生运动效果的动画，叫作帧动画。

帧动画的工作原理，即视觉暂留原理。

帧动画的用途非常广泛，我们在网站上看到网页上的动画，绝大多数是帧动画，QQ上那些动画表情都是帧动画，逢年过节，人们给亲朋好友发送的动画祝福，也是帧动画。

4. 关于"库"

在新建 Flash 文档窗口，右边"库"下面的长方形是空白的。当我们把声音文件"说话声"导入到库后，发现这里有了一个声音文件。这说明，所谓 Flash 里的"库"，其实就是仓库的意思。只不过这里存放的不是实物，而是组装动画或者课件所用的素材。

制作复杂的课件，将会用到很多素材，诸如图形、图片、照片、声音、视频、动画等。在制作动画或者课件前，一般要把它们放到库里，以备随时调用。

往库里导入素材的常用方法是：选择菜单栏中的"文件"→选择下拉菜单中的"导入"→再选择"导入到库"→在弹出的对话框中找到要导入的文件→点击"打开"按钮。

从库中向舞台调用素材，先要打开要加工的帧，把库中的对象拖放到这个帧里就可以了。

5. 影片测试

好的动画和课件都不是一气呵成的，而需要制作一阵子，播放一下看看效果，找出不理想的地方，再加以修改，使之不断完善。播放影片查看效果，其实就是测试影片。

前面我们使用过一种测试影片的方法，即选择"控制"菜单下的"测试影片"。此外，还可以使用下面的方法查看制作的效果：选择"控制"菜单下的"播放"，或者"测试场景"，或者"调试影片"。最简单的方法是敲击键盘上的"回车"键。

不同的方法看到的效果不一样。比如，敲击"回车"键和选择"控制"菜单下的"播放"，看到的是编辑界面，而且播放的是一个场景，只播放一次。选择"控制"菜单下的"测试影片"，看到的是播放界面，播放的是所有场景，而且是重复播放。

6. 保存与发布

保存和发布的意义不同。保存指的是保存 Flash 文档，一般存为 fla 格式，可以是半成品，以后打开还可以修改。而发布针对的是成品，发布出的成品不使用特殊的破解软件是无法修改的。成品有多种格式，Flash 文件常见的格式有 gif、swf、html、exe、mov。小动画一般发布成 gif 格式。要插入 Powerpoint 的动画一般发布成 swf 格式；制作网页用的动画要发布成 html 格式；独立播放的 Flash 课件一般发布成 exe 格式。往视频里插入动画一般发布成 mov 格式。

【读者演练】

（1）制作一个会眨眼的小人。

（2）制作一枝会跳舞的花。

（3）制作风吹草动的景象。

第二节　闪动的课件题目

【学习指导】

（1）了解文本工具的使用方法，会使用文本工具。

（2）知道帧动画速度快慢的原理，能够参照课本改变一个动画的速度。

扫一扫

闪动的课件题目

我们知道课件是由封页、主页和尾页组成的，封页中有课件的题目、讲课人的信息、精美的画面和动人的音乐。其中，题目的地位尤为重要。它能够使听课的学生或者老师，联想到可能要教学的内容，调动已经知道的相关的信息，从精神上做好学习的准备。因此，凡做课件的人，都比较重视题目的设计，尽可能让它醒目一些，吸引人一些。要让课件题目引起人的注意，最好的办法是让它动起来。这一节，我们将通过几个实例，研究课件题目动画的制作方法。

【制作实例】

任务 1：制作时隐时现的课件题目《我是一个粉刷匠》。

任务分析：时隐时现，就是一会儿出现，一会儿又不见了。课件题目《我是一个粉刷匠》时隐时现，就是一会儿看到了"我是一个粉刷匠"这几个字，一会儿又看不到了。要达到这样的效果，时间轴上必须是有些帧有"我是一个粉刷匠"，而有些帧没有这几个字。因而，我们只要在有些帧输入"我是一个粉刷匠"，再把有些帧设置为空白关键帧就可以了。

操作程序：

1. 在第一帧输入"我是一个粉刷匠"

单击工具栏里的字母 A→单击工具栏下边的"填充色"按钮，选择一种颜色（譬如红色）→在舞台上拖动出一个文本框→输入"我是一个粉刷匠"。

2. 修改文字

用拖动的方法选择"我是一个粉刷匠"→在属性面板里选择字体、字号、颜色、字间距等。具体制作如图 5.6 所示。

3. 把第四帧和第五帧设置为空白关键帧

单击"实箭头"工具→在时间轴上拖动鼠标从第四帧向第五帧移动（这是选择连续多帧的常用操作），使这两帧反黑显蓝（松开鼠标显蓝，是帧被选中的标志）→右击选中的帧→在弹出的快捷菜单中选择"转换为空白关键帧"。

4. 测试影片

在菜单栏"控制"选项的下拉菜单下选择"测试影片"，将看到红色的题目"我是一个粉刷匠"一会儿出来了，一会儿又消失了，时隐时现。

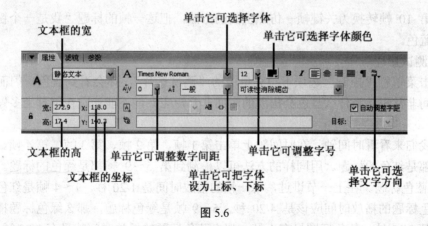

图 5.6

任务 2：让题目"我是一个粉刷匠"以红绿蓝三色依次轮流出现，字体为黑体，大小为 40 磅，位置在舞台中央。

任务分析：每个有内容的帧都对应着舞台上的一幅图，播放帧实际上是在展示帧中的内容。只有当帧中有某种颜色之后，在播放的时候，我们才能够看到它。如果帧中没有某种颜色，播放的时候，肯定看不到这种颜色。所以，要使标题以红绿蓝三色轮流出现。那么，帧中就必须有这三种颜色的标题。因为要求先出现红色，再出现绿色，最后出现蓝色，而时间轴是从左至右播放的。所以，要在第一帧输入红色标题，最后的帧输入蓝色标题，中间的帧输入绿色标题。

任务只要求标题的颜色发生变化，没有其他的要求，也就是说字体始终是黑体，大小始终是 40 磅，位置始终是在舞台的中央。因此，我们可以在第一帧的基础上，在它的后面建立关键帧，通过修改关键帧的颜色，达到设置不同字体颜色的目的。

操作方法：

1. 在第一帧输入"我是一个粉刷匠"，设置字体为黑色，大小为 40 磅，位置在舞台中央，颜色为红色

单击工具栏里的字母"A"（"文本工具"按钮）→在舞台上拖动出一个文本框→输入"我是一个粉刷匠"。

用拖动的方法选中"我是一个粉刷匠"→单击属性面板里的"Times New Roman"后面的倒三角，选择"黑体"→字体大小修改为 40（可以通过单击字号后面的倒三角，拖动滑动按钮，或者删除选中字号，重新输入 40）→单击"居中"按钮→单击属性面板里的"颜色"按钮，选择红色→用工具栏里的实箭头拖动标题，改变其位置，使它位于舞台的中央。

2. 在第 5 帧修改标题颜色，使其变成绿色

要修改某一帧，必须把它先转换成关键帧。

选择第 5 帧→单击鼠标右键→在弹出的快捷菜单中选择将其转换为关键帧→用工具栏里的实箭头单击标题"我是一个粉刷匠"→在属性面板里单击"字体颜色"按钮，选择"绿色"。

3. 在第 10 帧修改标题颜色，使其变成蓝色

把第 10 帧转换为关键帧→仿照上面的方法，把这一帧的标题"我是一个粉刷匠"修改成蓝色。

4. 测试影片

单击菜单栏"控制"选项下拉菜单中的"测试影片"，你会看到蓝色一闪而过，出现的时间非常短。为什么蓝色会出现的时间非常短呢？能不能让它在屏幕上多停留一会儿呢？

让我们来看看时间轴。在时间轴上单击第 1 帧、第 2 帧、第 3 帧、第 4 帧。会发现这几帧都是红色的标题。用同样的方法可以检测到第 5～9 帧都是绿色的标题。唯有第 10 帧是蓝色标题。在上一节讲过，每一帧的播放时间是 1/20 秒。1～4 帧是红色标题，那么红色标题的播放时间应该是 4/20 秒。5～9 帧是绿色标题，那么绿色标题播放的时间应该是 5/20 秒。蓝色标题只有 1 帧，那么蓝色标题的播放时间就只有 1/20 秒。因为，红色和绿色标题的播放时间比较长，因此，我们能够看清楚红色和绿色的标题。而蓝色标题播放的时间太短了，所以它一闪而过，看不清楚。从这里，我们可以看出，要想看清楚蓝色标题，那么就需要延长它的播放时间。延长播放时间的方法，就是增加蓝色标题的帧。比如，让第 10～15 帧都是蓝色的标题。

怎样把第 10～15 帧设置成蓝色标题呢？

因为转换关键帧，可以使转换的关键帧与前面的帧一样。所以，可以用转换关键帧的方法延长蓝色标题的播放时间。

5. 把蓝色标题的播放时间延长到 5/20 秒

方法一：把第 14 帧转换为关键帧。

方法二：选中第 14 帧→单击鼠标右键→在弹出的快捷菜单中选择"插入帧"。

方法三：敲击键盘上的 F5 键。

想一想：可以通过什么方法调整帧动画的速度？

【操作研究】

1. 文本工具

通过前面的操作可以知道，工具栏里的"A"是文本工具，作用是向舞台里输入文本。使用方法有两种，一种是选择文本工具后，先选择颜色，再在舞台上拖动出文本框，输入文字；另一种是选择文本工具后，直接在舞台上拖动出文本框，输入文字后，再在属性面板里修改文本的属性。

在对文字要求不高的情况下，通常用第一种方法输入。如果对文本的格式要求比较复杂，通常用第二种方法输入。

在输入的过程中，如果文字太多，可以把鼠标放到文本框右上角的小方格上，当鼠标变成双向箭头时拖动，改变其大小。比如，我们想让标题的文字占一行，可是输入时却出现了两行文字，这就说明文本框太短了，把鼠标放到文本框右上角的小方格上向外拖动，文本框变长，文字会自动排列成一行。

2. 属性面板

文本的属性面板，包括了文字格式和段落格式两方面的内容。字体大小和字符间距的调整设置了两种方法，可以用滑动按钮拖动，也可以直接修改有关参数。

3. 文本格式的修改

如果文本格式不符合要求，可以通过文本属性面板来修改。修改文本的格式，首先要选中文本，然后，才能够在属性面板里修改。

选中文本的方法有两种，一种是在输入状态下，拖动鼠标抹黑文本；另一种是在选择状态下，单击文本框。

4. 关于动画快慢的设置问题

动画的快慢，从表面看是一个时间问题。帧动画是由一连串相关联的对象连续播放得到的。这些相关联的对象，如果展示的时间长，那么动画就播放得慢；如果展示的时间短，那么动画就播放得快。而对象展示的时间，是由这个对象所占用帧的多少来确定的。一帧的播放时间是 1/20 秒，对象占用的帧越多，播放的时间就越长，动画播放得越慢。反之也一样。因而，我们常用增加相同帧的方法，降低帧动画的速度；用减少相同帧的方法，提高帧动画的速度。比如，当标题动画中蓝色出现的时间太短的时候，把蓝色标题由 1 帧增加到 5 帧后，蓝色标题播放的时间延长了 4 倍，播放得就慢了许多。反过来，也可以通过减少相同帧的方法，使红色标题和绿色标题闪动得快一些。

关于增加相同帧和减少相同帧的方法，我们已经学习了两种，一种是在帧的后面插入帧，另一种是在帧的后面转换关键帧。还有一些简便的方法，以后会逐渐介绍给大家的。

【读者演练】

（1）制作一个课件标题是从左至右逐渐变大的动画。

（2）制作一个课件标题是从左向右移动的动画。

（3）制作一个课件标题是左右摇晃的动画。

（4）制作一个课件标题在舞台是翻筋斗的动画。

（5）制作一个课件标题是向上浮动的动画。

（6）制作一个课件标题是逐字出现的动画。

第三节　扇动翅膀的燕子

【学习指导】

（1）认识和学会使用套索工具做局部选择，进一步熟悉线条工具、椭圆工具、部分选择工具的使用方法。

（2）了解多对象的选择，掌握全选帧中所有对象的方法。

（3）掌握组合命令的使用方法。

扫一扫

扇动翅膀的燕子

燕子通身黑白分明，形体美丽，飞行姿态优美，是小孩子们喜欢的小动物。燕子还是春天的象征，很多关于春天的画卷和故事里都有小燕子的身影。有些作家、词作者为了证明自己的作品是关于春天的故事，常常会把小燕子请来作证。春天是一个生机勃勃的季节，孕育着生命，象征着希望。所以，许多童话故事、儿歌、古诗词都会涉及燕子。下面我们就来做一个关于燕子的动画。

任务：做一个扇动翅膀的小燕子。

任务分析：任务要求我们仅做出一个会扇动翅膀的小燕子，没有要求画背景。小燕子通常是春天景色里的一个对象，比较小。所以，画小燕子的舞台不需要太大。小燕子飞行的时候，展开翅膀，看上去活动范围像是在一个正方形里。因此，要把舞台设置成正方形。舞台的默认颜色是白色，而小燕子的肚皮也是白色的，如果不改变舞台的颜色，画出的小燕子看上去肚子下面会缺一块。所以，应该把舞台的颜色修改一下，不妨设为蓝色。

小燕子的头和身体都可以看作是近似的椭圆。可以使用椭圆工具画出。尾巴像剪刀，可以用线条工具画出轮廓，用"颜料桶"工具填充黑颜色。

小燕子在飞行的时候，位于身体两侧的两个翅膀要不停地扇动。所以，制作这个动画，至少要把小燕子分成两个翅膀和一个身体三个部分，也可以把小燕子分成头、身体、两个翅膀四个部分。各个部分，要分别占用一个图层，一个翅膀在图层 1，身体在图层 2，另一个翅膀在图层 3。

操作程序：

1. 把舞台设置为 150×150，背景色设为天蓝色

单击舞台→单击"属性"面板里的"550×400"按钮→把宽修改成 150，高也改成 150→单击"确定"按钮→单击属性面板里的"背景色"按钮→选择"天蓝色"→单击时间轴右上角的"100%"→选择"显示帧"。

图 5.7

2. 插入图层 2 和图层 3

3. 在图层 2 画小燕子的身体

锁定图层 1 和图层 3→单击图层 2 的第一帧→用椭圆工具画出小燕子的头、眼睛、身体。如图 5.7 所示。

用"线条"工具画出小燕子尖尖的尾巴→用"颜料桶"工具给尾巴填充上黑色→用"部分选择"工具修改小燕子的脊背，使小燕子的脊背稍微下凹→把眼睛放到头上合适的位置→用"线条"工具给小燕子添加喙。如图 5.8 所示。

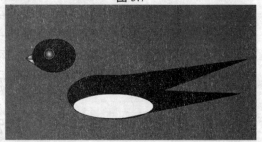

图 5.8

单击工具栏的"套索"工具→用拖动的方法在小燕子的下巴处圈一个圈→单击"颜料桶"工具→选择"红色放射性"填充

图 5.9

→用实箭头把小燕子的头拖放到它的身体上。如图 5.9 所示。

4. 在图层 3 画小燕子的一个翅膀

锁定图层 2，打开图层 3，单击图层 3 第一帧，在图层 3 画一个椭圆和一个尖角，代表小燕子的翅膀。如图 5.10 所示。

画一些小的椭圆表示翅膀上的羽毛→填充翅膀尖→单击图层 3 的第一帧（这样可以全选这一帧里的所有对象）→单击"修改"菜单里的"组合"命令（这个操作，可以把选中的内容捆绑成一个整体。现在，画小燕子翅膀的两条直线段、所有的椭圆，翅膀内的填充色，统统被捆绑在一起了，成为一个整体，即翅膀）→用实箭头移动翅膀到身体的合适位置。如图 5.11 所示。

图 5.10

5. 在图层 1 做小燕子的另一个翅膀

用实箭头单击图层 3 里小燕子的翅膀（会发现小燕子的周围有一个蓝色的矩形线框，这是小燕子翅膀被选中的标志）→选择"编辑"菜单下的"复制"命令→锁定图层 3，打开图层 1，单击图层 1 的第一帧→再选择"编辑"菜单下的"粘贴到中心位置"命令（可以看到，小燕子的背后多了一个翅膀）。如图 5.12 所示。

图 5.11

因为已经锁定了图层 2 和图层 3，仅对图层 1 操作。所以，不必担心小燕子的身体遮挡这个翅膀影响操作的问题。

用实箭头拖动小燕子的翅膀，把翅膀放到小燕子的身体下面。如图 5.13 所示。

选中这个翅膀→单击"任意变形"工具→把鼠标放到上边的控制点上，当鼠标指针呈双向箭头的时候，向下拖动，使翅膀垂直翻转→用实箭头拖动翅膀到合适的位置→用"任意变形"工具改变翅膀的角度。如图 5.14 所示。

图 5.12

6. 在第 10 帧插入帧

单击第 10 帧，单击鼠标右键，选择"插入帧"。

图 5.13

7. 制作图层 1 中翅膀的动画

在图层 1 第一帧中，用"任意变形"工具单击翅膀→把长方形中间的"小圆圈"（图形的旋转中心）拖动到翅膀的转轴上→把鼠标指针放到长方形顶点上，鼠标指针呈圆弧状时拖动鼠标，改变翅膀与身体的夹角，使其夹角尽可能大一些。

图 5.14

把第 3 帧转换为关键帧→用"任意变形"工具调整翅膀与身体的夹角，使其稍微小一些。

把第 5 帧转换为关键帧→用"任意变形"工具调整翅膀与身体的夹角，使其再稍微小一些。

把第 7 帧转换为关键帧→用"任意变形"工具调整翅膀与身体的夹角，使其更小一些。

8. 测试影片

在菜单栏"控制"选项的下拉菜单中选择"测试影片"。你会看到，小燕子的一个翅膀在扇动，另一个翅膀闪一下就消失。这说明小燕子右边翅膀的动画已经制作成功。接下来该加工它左边的翅膀了。

9. 制作图层 3 中翅膀的动画

仿照图层 1 翅膀动画的制作方法，如法炮制。

【操作研究】

1. 选择工具

Flash 8.0 里可以用来选择的工具有 4 个：实箭头、空心箭头、任意变形工具和套索工具。它们的用法和功能各不相同。

实箭头的功能是选择一个整体，预示下一步要对选择的对象操作。选择方法是单击或者拖动。单击椭圆的内部，就选中了椭圆的内部；单击椭圆的边缘，就选中了椭圆圈。对于处于像素级的对象（用 Flash 工具栏里的工具画出的图形，在没有组合前都是像素级的。而组合之后，就不是了）。用实箭头可以选择其中的一部分。我们知道，Flash 8.0 的工具栏没有半圆，那么需要半圆的时候该怎么办呢？可以先画一个圆，再用实箭头选择圆的一半，用 Del 键删除它，就可以了。

空心箭头，叫作部分选择工具。主要功能是修改对象，也兼有选择功能。用它单击对象，可以使对象在选中的同时进入局部加工状态。

任意变形工具的主要作用是改变图形的大小、宽窄、角度，也兼有选择功能。用它单击对象，可以使对象在选中的同时进行变形加工。

套索工具的主要作用是局部选择。选择的对象是像素级的图形。可以选择图形的局部，还可以对图形的颜色进行选择。比如，在前面的操作中，有一个改变小燕子下巴颜色的操作，用的就是套索工具的第一个功能。选择颜色的功能在修改图片和照片中非常有用，这点以后会再进行讲解。

2. 选择多个对象

小燕子的头部，包含有小燕子的脑袋、眼睛、嘴巴和下巴。把它们移动到小燕子的身体上，是使用实箭头拖动的方法，把它们全部选中，用实箭头拖动可以选中相距比较近的多个对象。对象相距比较远的话，可以按下 Shift 键，逐个选择对象。

3. 全选帧中的对象

单击时间轴上某一帧，这一帧里的对象就被全部选中。比如，选择小燕子的翅膀。

4. 组合命令

"组合"是一个很重要的命令。其作用是把选中的对象捆绑成一个整体。一个复杂的对象是由许多小的元素组成的，如果不把它们捆绑在一起，那么在操作的过程中，一不小心，就会把其中一些元素弄错了位置，或者调错了图层，或者删除掉了。所以，我们在加工完一个对象后，要把组成对象的所有元素都组合起来。需要修改的时候，可以取消组合。

组合的方法分三步：选中要组合的对象→选择菜单栏的"修改"菜单→点击"组合"。

取消组合的方法也分三步：选择要取消组合的对象→选择菜单栏的"修改"菜单→点击"取消组合"。

【读者演练】

制作一个能够走动的小板凳。

第四节　吃草的小白兔

【学习指导】

（1）了解图形的拼装技术，实箭头的修正功能。

（2）掌握帧的复制、粘贴和删除方法。

（3）会调整对象的层次。

扫一扫

吃草的小白兔

小白兔全身洁白，眼睛红红的，耳朵大大的、毛茸茸的，甚是惹人喜欢。特别是小孩子，更是喜欢它。看菜吃饭，量体裁衣。不论是教学还是教育，都要根据被教育者的心理特点进行。因此，有很多幼儿文学作品与小白兔有关。例如，童话故事《小白兔、小灰兔与老山羊的故事》、《小白兔和大灰狼的故事》，电影《小白兔》、《神气活现的小白兔》，儿童歌曲《小白兔》、《小白兔乖乖》。儿童自己编写的关于小白兔的故事更是不胜枚举。学会制作小白兔的动画，制作与小白兔有关的、有自主产权的课件，就会容易许多。本节就是来制作一个有关小白兔的动画，使读者感知一下制作小白兔动画的方法和技巧。

任务：制作一个吃草的小白兔动画。

任务分析：小白兔吃草时的身体外形，可以看作一个水平放置的长方形。吃草，当然是在绿色的草地上了。单独的一个小白兔，占用的空间不大。所以，可以把舞台的尺寸设定为 300×200 像素，背景颜色设置为绿色。

　　小白兔身体各部分中肚子、头、耳朵，都接近于椭圆，眼睛是红色的正圆。所以，可以先使用椭圆工具画一些白色的椭圆，做适当修改，拼装成小白兔。可以用"铅笔"工具或者"刷子"工具画一些草叶，遮挡一下小白兔的身体。

　　小白兔吃草，主要靠头颅的移动和转动接近草叶。所以，制作动画的时候，可以把小白兔分成身体和头颅两个部分，让身体在草丛中保持不动，头颅活动。看来，做这个动画至少需要两个图层。

　　制作动画的基础是画小白兔，核心是小白兔脑袋的动作。

　　操作程序：

　　（1）把舞台设置为长 300、高 200 像素，背景为草绿色

　　（2）插入图层 2

　　（3）在图层 1 画小白兔

　　锁定图层 2，打开图层 1，单击图层 1 第一帧→单击"椭圆"工具→笔触颜色选择"灰色"→填充色选择"白色"→根据兔子各部分大小比例，在舞台上拖放出一些大小不等的椭圆，表示小白兔的身子、脖子、头、耳朵、尾巴、后腿、前腿。如图 5.15 所示。

图 5.15

　　用实箭头拖动选中表示后腿的椭圆，移动到代表兔子身体的椭圆的左下角处，大部分与表示小白兔身体的椭圆重合→把表示小白兔尾巴的椭圆移动到代表小白兔身体的椭圆的左边，大部分与小白兔的身体重合→用"刷子"工具填充上白颜色修改兔子尾巴和后腿之间的部分，使身体、尾巴、后腿融为一体→把代表前腿的两个椭圆移动到代表兔子身体的椭圆上，放在身体的右下角→用"任意变形"工具选择代表小白兔脖子的椭圆，移动到代表身体的椭圆右边，拖动"旋转中心"至前腿处，旋转代表脖子的椭圆，使它稍微向前倾斜→用实箭头单击不要的线段，按 Del 键删除→用"刷子"工具修正。如图 5.16 所示。

　　从图 5.16 可以看出，兔子的前腿与身体结合得不太好，有些生硬。动物的腿，都是离躯干越近越粗，离躯干越远越细，小白兔也不例外。要想使小白兔的前腿与躯干和谐一些，就需要改变前腿的粗细。前面已经讲过，修改图形的局部，可以使用空心箭头。下面，我们想用另一种方法修改图形。

图 5.16

单击实箭头，让鼠标指针慢慢靠近小白兔的前腿和身体的边缘，当鼠标指针带上弧线或者折线的时候，点击并拖动就可以改变图形的形状。

4. 在图层 2 加工小白兔的头

在图层 1，用"套索"工具选中小白兔的脑袋→按下 Shift 键，继续选择小白兔的耳朵→单击鼠标右键，在弹出的快捷菜单中选择"剪切"→锁定图层 1，打开图层 2，单击图层 2 第一帧→选择菜单栏"编辑"菜单下的"粘贴到当前位置"。

用"套索"工具选择代表小白兔头的椭圆→单击"任意变形"工具→把这个椭圆移动到脖子上→拖动"旋转中心"到头的转轴上→把鼠标指针放到控制点上，指针呈圆弧状时拖动鼠标，改变头的角度使其到合适的程度→用实箭头修改头的后脑勺部分，使后脑勺稍微平滑一些。

实箭头单击代表耳朵的椭圆中间部分（即加工椭圆的内部，不包含边线）→单击"填充色"按钮→选择"黑白渐变"→单击"混色器"中的"笔尖状滑动"按钮→在"色盘"上选择"红色"→拖动"颜色浓度"按钮，调整色彩的浓度到合适为止。

用"套索"工具选中耳朵的边线和内部→点击菜单栏中"修改"项下拉菜单中的"组合"命令。把耳朵的边线和内部组合成一个整体。用同样的方法，把头的边线和内部也组合成一个整体。

用"任意变形"工具选择耳朵→移动耳朵到脑袋上并放到合适的位置→把"旋转中心"移动到合适位置→旋转耳朵使其有一个合适的角度。

复制这只耳朵，粘贴出第二只耳朵。

现在，在图层 2 的第一帧有三个对象：两只耳朵和一个脑袋。其中两只耳朵在脑袋的同一侧。兔子的耳朵不可能长在同一侧。必须在脑袋的两边，一边一只耳朵。

用实箭头选中一只耳朵→点击菜单栏中"修改"项下拉菜单中的"排列"，再选择"置于底层"。

用实箭头选中另一只耳朵→点击菜单栏中"修改"项下拉菜单中的"排列"，再选择"置于底层"。

画一个红色边线的放射性填充椭圆，代表小白兔的眼睛→用实箭头选中这个椭圆的边线和内部，并把它们组合起来→移动到小白兔的头上。

在时间轴上，单击图层 2 的第一帧→单击菜单栏中"修改"项下拉菜单中的"组合"，把小白兔的耳朵、眼睛、脑袋捆绑在一起。

在小白兔图形外，用线条工具画出小白兔的嘴→把构成嘴的线条组合起来再放到小白兔嘴巴的位置。如图 5.17 所示。

5. 画草

在图层 2 的上面添加图层 3→锁定图层 1、2→单击图层 3 第一帧→选择"刷子"工具→填充色选择"绿色"→在工具栏下面的"选项"里选择"水平放置的扁刷子"，刷子的头稍微小一些→在舞台上拖放出一些草。

也可以使用铅笔工具，笔触颜色选择"黑色"→在舞台上画一些直线代表远处的草。如图 5.18 所示。

图 5.17   图 5.18

6. 制作小白兔吃草的动画

分析：小白兔吃草的动作，先迅速把头伸向草，猛地拽回来，然后，细细地咀嚼，把草嚼烂咽下后，重新开始下一轮的取草、咀嚼草。取草的速度很快，咀嚼草的速度比较慢。从时间上讲，取草用的帧不能太多，而咀嚼草用的帧要多一些。总的时间可以设定为 30 帧，其中取草的时间可以设定为 5 帧左右。

图层 2 放置的是小白兔的头，包括嘴巴和其他部分。取草的时候，这两个部分同时同步运动；咀嚼的时候，只有嘴巴在动。

图层 1 中小白兔的躯干、草地和图层 3 中的草始终是不动的，这 30 帧都是一样的。因此，我们可以先把图层 1 和图层 3 的第 30 帧转换为关键帧。然后再制作动的部分。

锁定图层 1、3，打开图层 2→把第 5 帧转换为关键帧→单击时间轴的第 5 帧（全选）→使用"任意变形"工具把小白兔的头向前移动到草上→移动"旋转中心"，调整小白兔头的角度→把第 6 帧转换为关键帧→把第 10 帧转换为关键帧→把小白兔的头放回原来的位置→移动"旋转中心"，调整小白兔头的角度，使它的头稍微向下，保持吃东西的姿态。

把第 12 帧转换为关键帧→单击舞台上空白处（取消选中全部）→用"任意变形"工具选中嘴巴→用拖放的方法改变嘴的大小→把第 14、16 帧转换为关键帧，改变嘴的大小。

在时间轴上，用拖动鼠标的方法选中 10～16 帧→点击鼠标右键，在弹出的快捷菜单中选择"复制帧"→在第 18 帧处右击鼠标，在弹出的快捷菜单中选择"粘贴帧"→在图层 2 中继续粘贴帧→选中 30 帧以后的帧→单击鼠标右键，在弹出的快捷菜单中选择"删除帧"。如图 5.19 所示。

7. 测试影片

选择菜单栏中"控制"项下拉菜单中的"测试影片"。观看效果，你会觉得这个动画制作得不太逼真。原因是小白兔吃草的时候，不仅仅脑袋向前伸，脖子也要向前伸。而我们制作的动画，仅仅是头移动了，脖子没有动。如果想让脖子也动起来的话，那就复杂了，需要把脖子放在一个新的图层里，随着头的移动，改变脖子的方向。有兴趣的读者，可以自己尝试一下。做出一个脖子也会动的吃草的小白兔。

图 5.19

【操作研究】

1. 用 Flash 工具栏里的工具画图

一般先要把要画的对象分解成若干个部分，看这些部分像哪些基本图形，画出各个部分的基本图形。把基本图形修改成需要的图形，再把它们组合起来。画小白兔的时候，就是先把它分解成耳朵、脑袋、脖子、身子、尾巴、腿，用不同大小的椭圆表示这些器官，再修改这些椭圆，把他们组合在一起，便得到了小白兔的形象。

2. 用 Flash 制作动画

先要分清楚画面里，哪些部分是动的，哪些部分是不动的。动的和不动的，是绝对不能够放到一个图层的。一般说来，一个运动对象要使用一个独立的图层，这样，可以避免运动对象的相互干扰。但是，并不是几个运动对象绝对不能够放到一个图层，只要不相互干扰，也是可以的。比如，在这个动画里，我们就把小白兔的头和嘴巴两个运动对象都放在图层 2 里。

3. 对象与对象之间的关系

对象与对象之间是有层次关系的。比如小白兔的头和耳朵。必须是一个耳朵在后面，脑袋在中间，另一个耳朵在前面。绝不能够把两个耳朵放到脑袋的同一侧。调整对象排列层次的方法有两个：

①当对象处于不同图层的时候，可以通过拖动时间轴上图层的名称，改变它们的排列层次。比如说，图层 2 是小白兔，图层 3 是草。因为草的图层在小白兔图层的上面，所以，小白兔的脚埋在草丛里。如果我们想让小白兔在草上，那么可以用鼠标向上拖动

图层 2，使图层 2 在图层 3 之上。

②当几个对象在同一个图层的时候，可以右击要调整图层的对象→选择菜单栏中"修改"项下拉菜单中的"排列"→再选择不同的层次。

4. 修改图形

修改图形工具有两个：一个是空心箭头，一个是实箭头。

空心箭头的功能是针对图形上默认的特殊点修改图形的。

实箭头可以修改像素级图形边缘的任何一个地方。在没有选择图形的前提下，把鼠标指针放到图形的边缘，鼠标指针带上弧线或者折线的时候，拖动鼠标，就可以达到修改图形的目的。

5. 帧的编辑

帧也是可以复制、粘贴和删除的。方法是先用拖放的方法选中帧，再单击鼠标右键选择有关的命令。后面，我们还会讲到帧的移动。

【读者演练】

制作一个原地踏步走的小人。

第六章　移动动画

移动的字面意思是物体的位置发生变化。移动动画的字面意思，应该是对象位置发生变化的动画。我们这里所说的移动动画，其含义要比它的字面意思广泛得多。它是指计算机自动补间的，位置发生变化、大小发生变化、角度发生变化的动画。子弹从枪口射出的动画，火车由远及近地开过来的动画，飞机渐渐仰起头飞上天的动画，如果在制作过程中，计算机进行了补间，那么都是移动动画。如果计算机没有补间，而是一帧一帧地制作出来的，那么它们都是帧动画。

在第五章，我们介绍了动画的基本原理，即把一些相关联的图片，依次放在各个帧中，依次展示各个帧中的图片，在视觉暂留的作用下，使人产生了动态的视觉效果。我们制作一颗子弹从枪口射向目标的动画，至少要考虑两个因素：时间和子弹在这个时间内每个瞬间的位置。这些都是由帧所决定的。如果想让子弹 1 秒走完全程，那么就需要 20 个帧。如果想让子弹 0.5 秒走完全程，那么就需要 10 个帧。在每一个帧中都要画一颗同样的子弹，位置要自枪口至目标，离开枪口的距离愈来愈远，离目标的距离越来越近。这项工作，看似简单，但是制作起来是非常麻烦的。能不能不一帧一帧地画子弹，而是用什么巧妙的方法，让计算机一下子把所有帧的子弹都画出来呢？回答是肯定的。这一章，我们就来研究如何让计算机帮助我们制作出动画中一些帧里的内容。

第一节　儿歌《大雨和小雨》

【学习指导】

（1）掌握直线动画的制作方法。

（2）了解魔术棒的功能和使用方法。

（3）知道测试音乐长度的方法，能够根据音乐的长度设置动画
课件的长度。

扫一扫

大雨和小雨

雨是常见的自然现象。小孩子们对雨情有独钟，看到下雨了特别兴奋，会大叫，会跳跃，甚至会跑到雨地里接受雨水的洗礼。因此，很多幼儿教育的内容都与雨有关。人民教育出版社出版的一年级《音乐》上册第一单元的第二课就是《大雨和小雨》，一年级《语文》上册有《雨点儿》的课文，江苏教育出版社出版的一年级《语文》上册也有《雨点》的课文。一年级上学期的学生和幼儿园大班的小朋友年龄相差不多。这些内容都可以在幼儿园大班的教学中借鉴。下面，我们就来做一个关于雨点的动画。

任务：给音乐课《大雨和小雨》配上动画。

课文内容如图 6.1 所示。

图 6.1

任务分析：雨是从云中落下来渗入土地中的。所以制作这个动画需要有云、雨点和大地三个对象。从字面上看大雨和小雨是两个对象，其实是两类对象。为了简单一些，所有大一点的雨点和所有小一点的雨点，这里只做两种雨点的动画。当然，也可以用一个下雨的背景图，在上面做一个雨点下落的动画，来表现音乐的内容。

下雨天的背景图是不动的，需要一个图层，大雨点和小雨点都是运动的，各需要一个图层。下雨天的背景图要在雨点图层的下面。

下雨天的背景图和云彩的图形放在"我的电脑\E 盘\Flash 课件制作\图片"文件夹内。

既然是制作音乐课件，插入音乐是少不了的事情。《大雨和小雨》的音乐保存在"我的电脑\E 盘\Flash 制作课件\音乐"文件夹内。

操作程序：

1. 把下雨的背景图、云彩和音乐《大雨和小雨》等素材导入到 Flash 8.0 的"库"内

选择菜单栏"文件"项下拉菜单中的"导入"→再选择"导入到库"→选择路径为：我的电脑\E 盘\Flash 课件制作\音乐\大雨和小雨→点击"打开"按钮。

选择菜单栏"文件"项下拉菜单中的"导入"→再选择"导入到库"→选择路径为：我的电脑\E 盘\Flash 课件制作\图片，并在图片文件夹下选择一幅下雨的图片→点击"打开"按钮。

2. 插入图片

把下雨的图片插入到图层 1 的第一帧，使它和舞台一样大，并且完全覆盖舞台。舞

台的默认大小是 550×400 像素，舞台的左上角坐标为 x：0，y：0。这实际上是把背景图插入到图层 1 的第一帧，把背景图的大小调整为 550×400，使其坐标为 x：0，y：0。

单击图层 1 的第一帧→单击库中的"树"形图标，查看各个图片，把符合课件主题的背景图拖放到舞台上→在选中背景图的前提下，修改属性面板里的属性，设置宽：550，高：400，x：0，y：0→敲击"回车"键。

3. 把云朵放到图层 2 的第一帧

锁定图层 1，插入图层 2，单击图层 2 的第一帧→把"云朵图片"拖放到这一帧。如图 6.2 所示。

图 6.2

云朵图片中有很多种类的云朵，有晴天的云朵、阴天的云朵、雾天的云朵、雷雨天气的云朵、月夜的云朵，还有雨天的云朵。我们这里只需要雨天的云朵。怎样从这张图片中把雨天的云朵分离出来呢？

4. 从云朵图片中分离雨天的云朵

单击云朵图片（实际上是选中云朵图片）→选择菜单栏中"修改"项下拉菜单中的"分离"命令（注意云朵图片上有什么变化？）→用"套索"工具拖选下雨天的云朵→单击鼠标右键，在弹出的快捷菜单中选择"剪切"→单击图层 2 的第一帧→敲击键盘上的 Del 键（观察界面有什么变化？）→选择菜单栏中"编辑"项下拉菜单中的"粘贴"命令→把云朵拖放到舞台的右上角。如图 6.3 所示。

图 6.3

从图中可以看出，虽然把下雨的云朵从众多的云朵中分离出来了。但是，它像膏药一样贴在下雨的背景图上，与背景图不相容，原因是背景图的底色是黄绿色，云朵的底色是白色，二者不兼容。要想使云朵与背景图融为一体，就需要把云朵的白色背景去掉。怎样才能去掉云朵的白色背景呢？

5. 去掉云朵的白色背景

单击"套索"工具→在工具栏下面的"选项"里选择"魔术棒"→移动鼠标指针到云朵的白色背景上（注意鼠标指针的形状）→单击（注意鼠标指针的变化）→再单击（注意白色背景图的变化）→敲击键盘上的 Del 键。这时看到，白色背景没有了。如图 6.4 所示。

图 6.4

6. 复制出更多的云朵

选中图层 2 第一帧→选择菜单栏中"修改"项下拉菜单中的"组合"命令→选择菜单栏中"编辑"项下拉菜单中的"复制"→再选择"粘贴"→用"任意变形"工具改变云朵的大小，并移动到合适的位置。

7. 在图层 3 做雨点

锁定图层 1、2，新建图层 3，单击图层 3 的第一帧→画一个放射性的椭圆→用"混色器"修改渐变颜色，使之由白色渐变成水蓝色→用"铅笔"工具画出五官。如图 6.5 所示。

当然，雨点不可能这么大。大雨点，只是绘画时会方便一些而已。把它变得小一些也很容易，用"任意变形"工具拖放一下就可以了。画出的这个雨点的方向与背景图中雨点下落的方向不一致，也需要做进一步的调整。

图 6.5

8. 调整雨点的大小、方向和位置

单击图层 3 的第一帧→选择菜单栏"修改"项下拉菜单中的"组合"→把雨点拖动到云朵上→用"任意变形"工具选中雨点→把鼠标指针放到选区顶点上，指针呈双向箭头的时候拖动，使雨点大小基本合适→把鼠标指针放到选区的顶点上，呈圆弧状的时候拖动，改变其角度，使它和背景图中雨的下落方向一致。

9. 在 1～10 帧做雨点下落的动画

把图层 1、2、3 的第 10 帧都转换为关键帧→在图层 3 的第一帧，把雨点放到云朵上→在图层 3 的第 10 帧，把雨点拖放到地面上→在 1～10 帧中间单击鼠标右键选择"创建补间动画"。

10. 测试影片

测试影片时会发现，雨点从云朵上做直线运动落到了地面上。

对于雨点，我们只确定了它第一帧和第 10 帧的位置，为什么它不是从第一帧直接跳到第 10 帧，而是从第一帧渐渐地演变到第 10 帧呢？退出播放状态，用鼠标单击 1 到 10 的每一帧，观察舞台上雨点的变化，你会发现，每一帧雨点的位置都不一样。

这说明，当我们确定了运动对象的起点和终点以后，选择"创建补间动画"命令，计算机会自动补上起点帧和终点帧之间我们没有制作的帧。

11. 在第 4 帧制作另外一个雨点的动画

用拖放的方法选中图层 3 的 1～10 帧→单击鼠标右键在弹出的快捷菜单中选择"复制帧"→新建图层 4，锁定其他图层，单击图层 4 第一帧→单击鼠标右键在弹出的快捷菜单中选择"粘贴帧"→移动雨点的位置并改变雨点的大小。

12. 插入音乐《大雨和小雨》

新建图层 5，锁定其他图层，单击图层 5 的第一帧→把库中的音乐《大雨和小雨》拖放到舞台上。

13. 测试影片

测试影片时能听到起初的音乐是单唱的，后来变成了二重唱、三重唱、四重唱。到后来，几乎听不出唱的是什么了。这是为什么呢？

测试影片的时候，时间轴上的帧是循环播放的，即从第一帧播放到第 10 帧，又回到第一帧重新开始。只要不退出播放，就这样一直循环着。第一帧到第 10 帧的播放时间是很短的，才 0.5 秒。经过测算，歌曲的长度是 23 秒。当第一次播放到第 10 帧的时候，动画已经结束，而歌曲才播放很少一点点。计算机自动执行第二次播放的时候，第一次播放的音乐还在继续，第二次播放的音乐却已经开始，这就出现了二重唱。怎样才能够避免二重唱、三重唱呢？那就需要以音乐的长度为一个播放循环才行。

14. 测试音乐的长度

单击存放音乐的图层 5 第 10 帧以后的帧，点击 F5 键，观察图层 5 的变化，如果有波形，就说明动画的长度还不够，继续向后延伸，直到时间轴上没有波形为止。经过这样的测试，到第 280 帧波形消失。说明音乐的长度是 280 帧。

15. 拉长动画

音乐的长度是 280 帧，其他图层的动画长度要和音乐保持一致，那么长度也必须是 280 帧。

把放置背景图的图层 1 和放置云朵的图层 2 的第 280 帧都转换为关键帧→复制雨点的动画层，图层 3、图层 4 的 1～10 帧，向后粘贴，直至第 280 帧。

【操作研究】

1. 直线型移动动画

移动动画有两个必备条件，一个是计算机对动画的起始点至终点之间的帧做了补间，另一个是动画的对象要么是位置发生了变化，要么是大小发生了变化，要么是角度发生了偏转。在这类动画中，有一类动画比较常见，那就是做直线运动的动画。比如，前面讲到的雨点从天上走直线落到地面的动画。我们把做直线运动的动画叫作直线型移动动画，简称直线动画。

制作直线动画，分三个步骤：第一步：确定对象的起点位置和状态；第二步：确定对象的终点位置和状态；第三步：补间。比如，我们制作雨点下落的动画，先在图层 3 第一帧，把雨点放到云朵上，然后在图层 3 的第 10 帧，把雨点放到地面上；第四步：补间。

2. 补间

补间，就是在起始帧和终止帧之间，让计算机按照运动的要求，自动制作出其中的每一帧。补间的前提是，必须指明补间的起始帧和终止帧。补间的方法有两种：

方法一：在起始帧和终止帧之间，点击鼠标右键，在弹出的快捷菜单中选择"创建补间动画"。

方法二：把鼠标指针放到起始帧和终止帧之间的位置，单击属性面板中"补间"后面的倒三角，选择"动画"命令。

3. 魔术棒

魔术棒是套索工具的一个功能工具，其作用是选择像素级图形中的颜色。用 Flash 8.0 里的椭圆工具、长方形工具、刷子工具、线条工具、铅笔工具画出的图形都是像素级的。经过组合的图形和从外部导入的图片，都不是像素级的。要想使用魔术棒选择这些图形和图片里的颜色，必须先使用"修改"菜单下的"分离"命令，把图形和图片的级别降低至像素级才行。

使用魔术棒的程序如下：单击"套索"工具→再单击工具栏下面"选项"里的"魔术棒"（必要时，还要单击"魔术棒设置"，对魔术棒的一些参数做一点修改）→当鼠标指针是黑箭头和十字架时，单击不要的颜色，鼠标指针变成"魔术棒"的样子时，才能够选择颜色。单击不要的颜色，被选中的部分有小点点→按下 Del 键删除，或者在选区部分单击鼠标右键并选择"剪切"。

魔术棒是一个非常有用的工具。在动画制作中有时会需要使用其他作品，当涉及抠取对象时常常会把背景也带上了。去掉对象的背景，可以直接使用"套索"工具，可以用套索的多边形工具，也可以使用魔术棒。最方便的要数使用魔术棒。所以说，魔术棒是制作高档课件的得力工具。

4. 音乐与课件的长度

如果课件中有音乐，那么课件的长度就要以音乐的长度为准。要通过单击音乐所在的图层，敲击 F5 键，观察图层中的波形，确定音乐的长度，进而确定课件的长度。

【读者演练】

（1）制作一个手枪射击的动画。

（2）制作一个射箭的动画。

（3）制作一个飞机在天空飞行的动画。

（4）制作一个火车飞驰的动画。

第二节 儿歌《两只老虎》

【学习指导】

（1）了解音乐长度的测试方法，会根据音乐设置动画的长度。

（2）了解时间轴上"眼睛"的功能和使用方法。

（3）了解课件的拼装思想。初步建立拼装课件的意识。

（4）弄清楚前景动画与背景动画的关系，会制作简单的背景动画。

扫一扫

两只老虎

歌词：

两只老虎

两只老虎，两只老虎，

跑得快，跑得快。

一只没有眼睛，一只没有尾巴，

真奇怪，真奇怪。

素材位置：我的电脑\E 盘\Flash 制作课件\图片（音乐）。

任务：制作音乐《两只老虎》的小课件。

任务分析：我们先来介绍背景与前景。大家可能都看过戏。唱戏的舞台上、偏后一点位置有很大一块布，有的还画有室内或者室外的景象。这块布所呈现的场景叫作背景。在背景的前面是演员、桌椅板凳等物品，也构成一幅场景，这幅场景叫作前景。有时候，我们说前景未必指的就是背景前面的一切，可能是某个演员，某件物品。前景究竟包含怎样的意思，要视语言环境而定。

Flash 软件的作者，把制作动画视为编排一场戏，舞台上的对象也分为前景和背景。用来衬托故事情节的图片叫作背景图，用来衬托故事情节的音乐叫作背景音乐。背景图和背景音乐统称为背景。其他对象所构成的场景叫作前景。有时候，我们说前景，并不一定是前景的全部，可能是其中一个对象。背景通常放置在时间轴的最底层，前景中的对象分别放置在其他图层。

从歌词上看，制作这个课件需要一幅背景图，两只老虎和《两只老虎》的音乐。老虎是奔跑的，可以说明两点，老虎应该是动画，背景图应该是自然风光图片。因此，制作这个课件需要三个图层。图层 1 放置自然风光图片，图层 2 放置两种老虎动画，图层 3 放置音乐。

像制作《大雨和小雨》一样，我们可以让背景图不动，让老虎从一个点跑到另外一个点。

图片素材的位置：我的电脑\ E 盘\ Flash 课件制作\图片。

音乐素材的位置：我的电脑\ E 盘\ Flash 课件制作\音乐。

操作方法：

1. 把需要的照片、动画和音乐导入到库中

2. 插入图层 2、3

3. 插入素材

把背景图"晨曦 4"插入到图层 1 第一帧，设置其大小为 1100×400，并覆盖舞台。把动画"第六章，第二课，两只老虎 2"拖放到图层 2 第一帧，音乐《两只老虎》拖放到图层 3 第一帧。如图 6.6 所示。

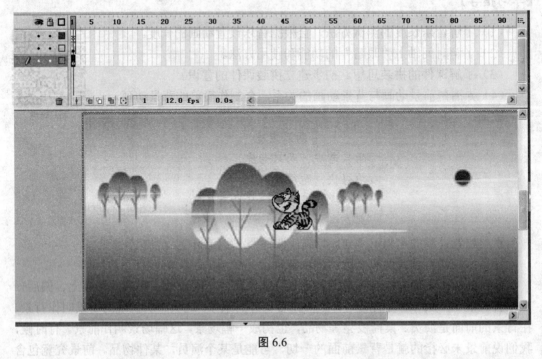

图 6.6

4. 调整老虎的位置

调整老虎的位置时发现，背景图太大，覆盖了舞台的边缘，导致看不到舞台了。播放课件的时候，只能够展示舞台上的内容，超出舞台的对象是播放不出来的。看不到舞台，凭感觉放置老虎，有可能把老虎放到舞台之外。那么，怎样才能确保把老虎放在舞台上呢？

调整好背景图的位置，锁定该图层→把老虎拖放到树木的下面→单击图层 1 左端和"眼睛"对应的"小黑点"，隐藏了图层 1 的内容，观察老虎的位置，做进一步的调整。当然，再单击这个小黑点，又可以显示图层 1 的内容。

5. 测试音乐的长度

测试到音乐的长度为 1740 帧。

6. 把背景图的播放时间延长到 1740 帧

7. 设置老虎的动画

假定老虎经过 60 帧，从起点跑到终点。

解锁图层 2，锁定图层 1、3→把图层 2 的第 60 帧转换为关键帧→把老虎移动到运动的终点→在起点帧和终点帧之间单击→在属性面板的"补间"对话框里选择"动画"。

8. 测试影片，观察效果

测试影片效果为：老虎跑了一阵，就不见了。

想一想，这是为什么？应该怎样处理？

动画的长度是根据音乐决定的，音乐长 1740 帧，因而动画的长度也是 1740 帧。然而，老虎的动画仅 60 帧。在第一帧和第 60 帧之间有老虎的存在，其他帧没有老虎。所以，当播放第 61～1740 帧的时候，就看不到老虎了。要想使老虎始终存在，那么，就需要在图层 2 的第 61～1740 帧之间补充老虎的动画。

9. 在图层 2 第 61～1740 帧之间补充老虎的动画

用拖动的方法选择图层 2 的 1～60 帧→在选区中单击鼠标右键，在弹出的快捷菜单中选择"复制帧"→在第 61 帧单击鼠标右键选择"粘贴帧"。如法炮制，把老虎的动画粘贴到后面的各个帧。

10. 测试影片，观察效果

观察发现，本来背景图是舞台的 2 倍。可是，我们看到的仅仅是它的一半。那么能不能在不改变背景图的长宽比、充分利用舞台的情况下，看到背景图的全部呢？回答是可以的。

运动具有相对性。我们在运动的汽车外看汽车，汽车是运动的；在运动的汽车内看窗外，窗外的树木房屋在运动。制作动画，可以让前景运动，也可以让背景运动。让背景运动，往往能够产生意想不到的好效果。

11. 制作背景移动的动画

①删除图层 2。在时间轴上"图层 2"处点击鼠标右键，在弹出的快捷菜单中选择"删除图层"。

②在图层 4 中插入老虎。单击图层 1，插入图层 4，锁定图层 1、3，单击图层 4 第一帧→把库中的老虎放到图层 4 第一帧。

③制作背景动画。锁定图层 4，解开图层 1，单击图层 1 第一帧→拖动背景图，使其左边与舞台的左边对齐→把第 200 帧转换为关键帧→拖动背景图，使其右边与舞台的右边对齐→在 1～200 帧之间单击鼠标右键，在弹出的快捷菜单选择"创建补间动画"→把 1～200 帧复制到 201～1740 帧上→删除多余的帧。

12. 测试影片，观察效果

屏幕上只有一只老虎，还少了一只，怎么办？

13. 在图层 2 再插入一只老虎

解锁图层 2，锁定其他图层，单击图层 2 第一帧→把仓库中刚才使用过的老虎，再一次拖放到舞台上。

【操作研究】

1. 关于库中的对象

库中的动画"第六章，第二节，两只老虎"，我们往舞台上拖放了两次，舞台上出现了两只老虎。这说明，库中的对象是可以重复使用的。

2. 音乐的放置问题

音乐可以和背景图放置在一起。但是，我们一般不这样操作。原因是删除音乐必须删除音乐所在的图层。把音乐和背景图放置在一起，如果要修改音乐，那么会把背景图也给删除掉了。图片、图形、照片、视频、动画，在舞台都能够看得到，删除这些对象，只要在舞台上把它们删除掉就可以了。而声音在舞台上没有图标，没有办法在舞台上删掉。

3. 时间轴左端的标记

时间轴的左端有四个标记，一支铅笔、两个小黑点、一个正方形。

铅笔。操作的意思。若笔上有斜线，表示这个图层不能够操作，需要解锁；若笔上没有斜线，表示这个图层可以操作。

左起第一个小黑点，对应着上面的眼睛图标。单击这个小黑点，它会变成一个×号。再点击，又会变成小黑点。呈×号的时候，这个图层的内容不可见；呈小黑点的时候，图层的内容可见。可见，这个小黑点是显示和隐藏图层内容的。

左起第二个小黑点，对应着上面的锁，其作用是锁定和解开图层。

右边的正方形，对应着上面的一个方框。单击它，该图层只剩下线框；再单击它，图层又恢复原状。我们常用这个按钮来确定一些对象的位置。

4. 课件的拼装思想

在制作这个课件的过程中，我们没有用 Flash 自带的工具画图，全部是我们自己保存的对象。我们所做的，只不过是把这些对象导入到库中，再把它们拖放到舞台上，拼装出一个课件而已。其实，使用 Flash 8.0 制作课件，就像拼装自行车一样。拼装自行车是先把各种零部件拿来，再一件一件地把它们安装到一起。做课件，先要把需要的对象一个一个地找来，或者一个一个地做出来，再放到仓库里。然后，从仓库里拿出来，放到舞台上，调整它们的位置、时间和运动的方式。这就是课件制作的拼装思想。

5. 背景动画

制作动画，可以让前景动起来，也可以让背景动起来。背景图发生变化的动画，叫作背景动画。前景发生变化的动画，叫作前景动画。背景动画包括背景图的缩放和平移。缩放包括放大和缩小，平移包括左右平移和上下平移。本节中《两只老虎》课件的背景图就是从右向左平移的。今后，我们还会见到背景图缩小和上下移动的背景动画。

背景的移动，可以展现丰富的背景内容，使观众获得好的视觉效果。以观看场景为主的动画，常常让前景不动，而让背景移动。背景移动的动画，叫作背景动画。背景动画，能够使人产生坐在运动的车上看风景的感觉。

【读者演练】

（1）制作儿歌《小燕子》课件。

（2）制作儿歌《草原就是我的家》课件。

第三节　幼儿歌曲《火车开了》

【学习指导】

图片属性的调整，透明度、锁定比例，取背景。

我们看到的视频材料，都是用摄像设备录制的。使用摄像设备采集影像的方式有四种：①摄像机不动，摇动镜头；②摄像机不动，推拉镜头；③摄像机镜头方向、拍摄的角度不变，前后推拉摄像机；④摄像机镜头方向、拍摄的角度不变，左右移动摄像机。这四种摄像方式，会获得两种拍摄效果：产生纵向运动的感觉和产生平行扫视的感觉。其中，摇动镜头和左右移动摄像机，可以获得平行扫视的视觉效果；推拉镜头和前后推拉摄像机，可以获得纵向运动的效果。这两种效果，都可以使用 Flash 模仿出来。让背景图左右平行移动，可以模仿出摄像机摇动镜头和左右移动摄像机的录制效果。在制作《两只老虎》课件的时候，我们让背景图从右向左平行移动，就获得了这样的效果。下面，我们将通过一个实例介绍制作推拉镜头和推拉摄像机效果的方法。

扫一扫

火车开了

歌词：

火车开了

咔嚓咔嚓咔嚓咔嚓火车开了，

咔嚓咔嚓咔嚓咔嚓跑得多么好。

火车司机开着火车，

咔嚓咔嚓咔嚓咔嚓向前奔跑。

任务：根据这首儿歌的内容制作一个小的教学课件。

任务分析：这首儿歌所描绘的主要对象是飞驰的火车。我们可以把一幅火车纵向运动的图片作为背景图，让它由小逐渐变大，产生越来越近的感觉，好像火车自远而近地开了过来。火车奔驰的速度是非常快的，但是从远方看火车，它变化的速度并不快，所以，动画的帧数要多一些。可以设定动画的时间是 300 帧。

图片素材位置：我的电脑\E 盘\Flash 制作课件\图片。

音乐素材位置：我的电脑\E 盘\Flash 制作课件\音乐。

操作方法：

方法一：改变背景产生纵向运动的效果。

（1）把"我的电脑\E 盘\Flash 制作课件\图片（音乐）"导入到 Flash 的库中。

（2）设置图层 1 第一帧。

把图片"火车头 9"拖放到第一帧→设置它的宽：550，高：400，坐标 x：0，y：0。如图 6.7 所示。

图 6.7

（3）设置动画。

把第 300 帧转换为关键帧→创建补间动画→单击第 300 帧→单击"任意变形"工具→单击图片→单击"属性"面板里"颜色"后面的倒三角→选择"Alpha"→把它后面的"100%"修改成"50%"→按"回车"键。这时，图片是半透明的，可以看到图片下面的舞台。这样，方便调整图片的大小和位置。

拖动控制点，改变图片的大小→移动图片，使舞台上只显示火车头的一少部分→在调整好火车头的大小和位置后，把 Alpha 的值修改成 100%。如图 6.8 所示。

图 6.8

（4）把音乐插入到图层 2 第一帧。

新建图层 2，单击第一帧→把库中的音乐《火车开了》拖放到这一帧。

方法二：改变火车的大小产生纵向移动的效果。

让背景图逐渐变大，可以产生纵向运动的效果。其实，背景图不动，也能够制作出纵向移动的效果。那就是让前景逐渐变大或者变小。下面，我们让火车头逐渐变大，背景不动，制作火车纵向运动的效果。

（1）新建 Flash 文档。

（2）把"我的电脑\E 盘\Flash 制作课件\图片（音乐）"素材导入到库。

（3）把一幅铁路图放到图层 1 第一帧作为背景图，使其大小和舞台一样，与舞台完全重合，并把第 300 帧转换为关键帧。如图 6.9 所示。

图 6.9

（4）把"火车头 16"插入图层 2 第一帧。

插入图层 2，单击第一帧→把库中的图片"火车头 16"拖放到舞台上→选中图片→单击"属性"面板左边的"小锁"图标（锁形由打开变成锁定）→把宽修改为 300，坐标修改为 x：0，y：0→按"回车"键。效果如图 6.10 所示。

（5）去掉火车头的黄色背景。

图 6.10

实箭头选中火车头图片→选择菜单栏"修改"项下拉菜单中的"分离"命令→选择工具栏"魔术棒"工具→在火车头图片上单击（目的是取消对图片的全选，鼠标指针由实箭头加十字架变成魔术棒形状）→单击"黄颜色"→敲击键盘上的 Del 键。

（6）捆绑火车头。

分离后的火车头是由无数多个小像素组成的，不把它们捆绑到一起，会影响到后来的操作。所以必须对它们进行组合。

单击图层 2 第一帧→选择菜单栏"修改"项下拉菜单中的"组合"命令。

（7）制作出由远而近的动画。

把图层 1、2 的第 300 帧都转换为关键帧→锁定图层 1，打开图层 2→在图层 2 第一帧，使用"任意变形"工具把火车头压缩成一个点放到远处的铁轨上（即确定火车运动的起始点）→在图层2的第300帧，使用"任意变形"工具将它放得非常大，也放置在近处的铁轨上（即确定火车运动的终止点）→创建补间动画。如图6.11所示。

（8）测试影片，观察效果。

火车虽然沿着铁轨的方向开过来了，但是，大多数情况下车轮没有在铁轨上，而是在两条铁轨之间。这是因为火车过小了。我们可以在火车轮子不在铁轨上的位置，创建关键帧，拉大火车，使它的轮子落在铁轨上。

图 6.11

（9）修正火车的运动路线。

把第15帧转换为关键帧→移动其位置到铁轨上→……→把第30帧转换为关键帧→移动其位置到铁轨上。如此调整，直到火车始终在铁轨上运行为止。

（10）插入声音。

插入图层3，单击第一帧→把库中的音乐《火车开了》拖放到舞台上。

【操作研究】

1. 纵向运动的制作

制作纵向运动效果有两种方法，一种是让背景图逐渐变大或者逐渐变小，另一种是让前景对象逐渐变大或者逐渐变小。背景图变大，会有从空中飞过去的感觉；背景图变小，会有从空中飞离的感觉；前景对象变大，会有走来的感觉；前景对象变小，会有逐渐远去的感觉。背景图变化，人看到的景象就会变化，视觉效果比较好。前景中的对象多是从其他图片中抠出来的，与背景图的色调、受光方向不一定完全一致，特别是图的边缘比较明显，使得前景对象往往不能够融入背景图中，它的运动吸引了观众的眼球，同时也凸显了它的特点，使得它与背景图之间的关系不协调。所以，制作课件要尽可能回避前景的纵向运动。

对于包含有纵向运动的课件，如果是俯视，那么一般是让背景图动起来。如果重点刻画的是某个纵向运动的对象，那么一般是设置前景对象纵向运动。

2. 图形的属性

图形的属性，不但包含它的宽、高坐标，还包括它的颜色。

宽和高的调整分两种情况：一种是按比例调整，一种是任意调整。因为人物和动物的身体各部分是有特定比例的，不论怎样修改图形，都不能够修改它们的比例。所以，修改有人物和动物的图形，必须锁定长宽的比。另外，对其他有特殊比例的物体，在修改的时候，都要事先锁定长宽比。在这一节之前，我们所做的图形修改，都没有考虑长宽比。这一节，火车头的修改考虑了长宽比，是因为火车头的各个部分都是按照一定的比例制作的，大家都认可它，如果不锁定其长宽比，那么用任意变形工具拖放修改过的火车头，可能会失真。

图形的"颜色"对话框里包含有五条命令：无、亮度、色调、Alpha、高级。如图6.12所示。

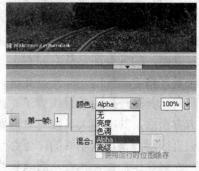

无，即不改变图片性质的意思。

亮度，是改变图形的明亮程度的。同一幅风光照片，使用这个命令，可以把它变成夜色，也可以把它变成中午的景色。

色调，是改变图形颜色的。譬如，我们获得了一幅早晨的风光照片，但是，看上去不像早晨，倒像是阴雨天。那么，我们可以使用这个命令改变照片的颜色，加重红色和黄色，使它产生红霞满天的感觉。

图 6.12

Alpha，是调整图形透明度的，有时候会用到的，比如画透明玻璃。

3. 动画制作的微调

确定了运动对象的起始点和终止点后，让计算机自动补间，得到的帧未必就完全符合要求。计算机是按照理论上的直线进行填充补间的，而我们模仿的对象，其运动的路径是近似的直线，如果近似度非常高，那么补间得到的帧可能符合要求；如果近似度比较低，那么补间得到的帧会偏离既定的路径。补间是沿直线均匀按照比例放大和缩小图片的，而模仿运动对象不一定是这样的，可能在某个时间段图片放大的比例要大一些，另一时间段图片放大的比例可能要小一些。火车的铁轨，乍一看是直线，仔细看铁轨并不是直线，而是一条曲率比较小的弧线。这就出现了有些帧中，火车不在铁轨上的情况。要使模仿切合实际情况，就要调整这些帧中图片的位置。

因为关键帧是可以修改的帧，所以，把图片位置不正确的帧转换为关键帧，可以用方向键或者鼠标拖动的方法调整其位置。

4. 缩放动画

这一节，我们制作了两个动画，一个是背景图逐渐放大的动画，另一个是火车头逐渐放大的动画。这两个动画都是通过补间的方法完成的。像这样，通过补间完成的图像放大、缩小的动画，叫作缩放动画。

制作缩放动画，同制作直线动画一样。确定起始点图形的位置和大小，再确定终止点图形的位置和大小就可以创建补间动画。

第四节 儿歌《小燕子》

扫一扫

【学习指导】

（1）了解运动引导层动画与直线动画的关系，会制作简单的运动引导层动画。

（2）明确测试影片与测试元件的区别，会测试影片和元件。

小燕子

（3）会创建新元件，能够在场景和元件之间切换。

（4）要善于把本节的新知识与以前学习过的相近内容做比较，找出它们的异同，建立准确清晰的概念和方法。

前面，在我们制作的课件《大雨和小雨》中，雨点是从上向下做直线运动的；《两只老虎》的背景图是从右向左走直线的。然而，自然界和人类社会的万事万物，没有一个是严格走直线的。即便是高速射出的子弹，也是走弧线的。只不过子弹在冲出枪口的瞬间，其轨迹接近于直线罢了。课堂教学的内容包罗万象，会涉及自然界和人类社会的方方面面，其中绝大多数对象是做曲线运动的。所以，学习用 Flash 8.0 制作课件，只会做直线动画是远远不够的，还必须会做让对象走曲线的动画。

对象走曲线，也要从起点到终点。只不过运动的路线不再是直线，而是曲线，而曲线的形状又不唯一。所以，制作这样的动画，除了确定对象运动的起始点和终止点外，还要制作出运动的路径，命令对象沿着既定的路径运动。运动的路径要单独存放到一个图层里。这个图层有一个特殊的名称，叫作"引导层"，或者叫"运动引导层"。这样的动画叫作运动引导层动画。下面，我们将通过一个实例介绍运动引导层动画的制作方法。

儿歌《小燕子》歌词：

> 小燕子穿花衣
>
> 年年春天来这里
>
> 我问燕子你为啥来
>
> 燕子说 这里的春天最美丽
>
> 小燕子告诉你
>
> 今年这里更美丽
>
> 我们盖起了大工厂
>
> 装上了新机器
>
> 欢迎你长期住在这里

任务：制作儿歌《小燕子》课件。

任务分析：从歌词来看，制作这个课件至少需要两个元素，小燕子、画有厂房的春天风景画。当然，我们也可以添加一些流云。

小燕子飞翔时，一会儿俯冲下来，一会儿直冲云天，走过的路径是波浪线。因此，制作这个课件，要把放置有厂房的春天风景画作为背景图。在它的上层放置小燕子，在小燕子的上层设计燕子的运动路径，其他图层放置流云。

图片素材位置：我的电脑\E 盘\Flash 制作课件\图片。

音乐素材位置：我的电脑\E 盘\Flash 制作课件\音乐。

操作方法：

方法一：制作前景动画。

（1）制作"扇动翅膀的小燕子"。

选择菜单栏"插入"项下拉菜单中的"新建元件"命令→点选"影片剪辑"→输入名称"小燕子"→单击"确定"按钮（注意观察屏幕上的变化）。如图 6.13 所示。

按照第五章第三节《扇动翅膀的小燕子》提供的方法，制作出帧动画小燕子。

（2）制作"流云"。这里所说的流云，指的是流动的云彩。

选择菜单栏"插入"项下拉菜单中的"新建元件"命令→再点选"影片剪辑"→输入名称"流云"→单击"确定"按钮→设置舞台颜色为"天蓝色"。

图 6.13

用"椭圆"工具画出一堆无边线、黑白放射性填充的椭圆，代表云朵→把它们组合起来→把云朵拖放到窗口的右边→用"任意变形"工具压缩它们→将第 60 帧转换为关键帧→在第 60 帧，把云朵拖放到窗口的左边→用"任意变形"工具放大它→创建补间动画。

测试流云动画：按"回车"键。

（3）在图层 1 放置背景图，使得背景图和舞台一样大小，并且完全覆盖舞台。

（4）切换场景。单击时间轴左上角"场景"二字（注意观察窗口的变化）。

（5）在图层 2 插入音乐。

插入图层 2，单击第一帧→把库中的《小燕子》音乐拖动到舞台上→用插入帧的方法测试音乐的长度为 975 帧。把图层的第 975 帧转换为关键帧。

（6）在图层 3 做小燕子的动画。

在图层 1 和图层 2 之间插入图层 3，单击第一帧→在库中，把刚才制作的动画"小燕子"拖放到舞台上→把第一帧的小燕子放到舞台的右上角，调整其大小→把第 60 帧转换为关键帧，并把该帧的小燕子放到舞台的左上角，调整其大小→创建补间动画。

测试影片发现，小燕子是做直线运动的。

单击图层 3→单击时间轴左下角的"添加运动引导层"按钮 →单击运动引导层的第一帧→用"铅笔"工具在小燕子身上画出一条波浪线，至小燕子的飞行终点收笔。如图 6.14 所示。

单击图层 3 第一帧，拖动小燕子，使它身上的小圆圈与波浪线的起点重合→单击第60 帧，拖动小燕子，使它身上的小圆圈与波浪线的结束点重合。

测试影片发现，小燕子起初按照我们给它指定的路径运动，后来就停留在窗口的左上角不前进了，可是翅膀还在扇动。这是为什么呢？

察看时间轴发现，第一帧和第 60 帧之间是小燕子的动画区间，其他帧没给小燕子设定动画。因此，要使小燕子始终往前飞行，就要在其他帧给小燕子设定动画。

（7）小燕子在其他帧的动画。

用拖动的方法选中图层的 1～60 帧→在选中的帧上单击右键，在弹出的快捷菜单中选择"复制"→粘贴在第 61 帧→再选中 1～120 帧→在选中的帧上单击右键，在弹出的快捷菜单中选择"复制"→粘贴在第 121 帧。

如法炮制，把小燕子的动画粘贴到其他帧。

（8）删除多余的帧。

（9）添加流云。

在运动引导层上插入图层 5→从库中把刚刚制作的流云动画放到舞台上。

这一节，用制作背景动画的方法制作课件，其实是非常简单的。只是为了介绍引导层这种制作动画的方法。我们才把课件的制作过程设计得复杂一些。

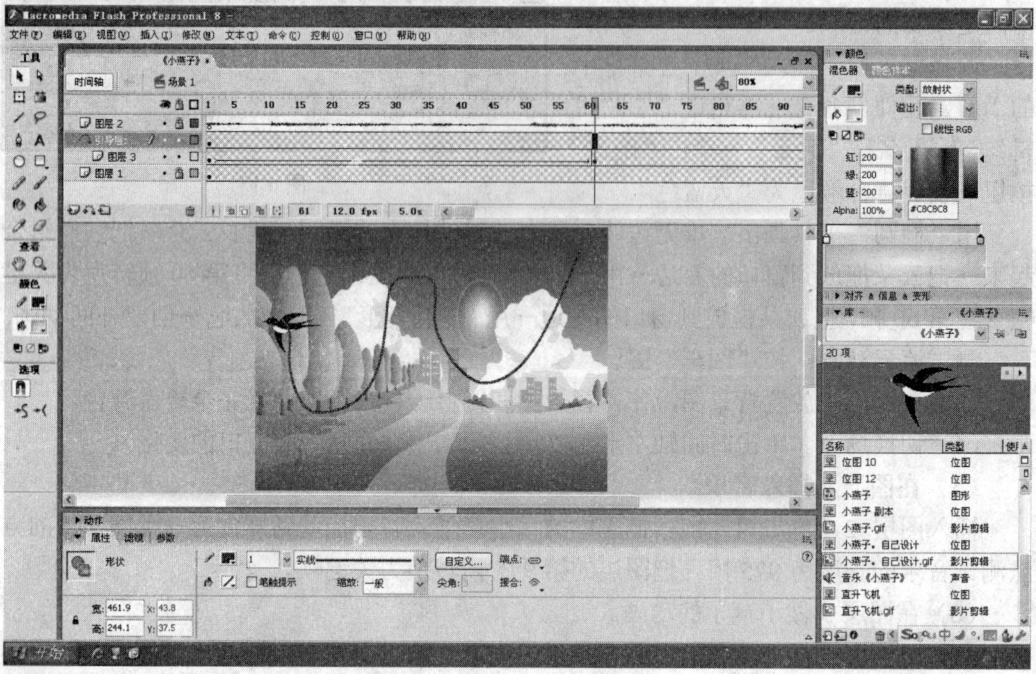

图 6.14

方法二：制作背景动画。

（1）新建 Flash 文档。

（2）在图层 1 制作背景动画。

把背景图放入图层 1 第一帧→设置其宽为 1100，高为 400，让它的右边和舞台的右边对齐，并完全覆盖舞台→把第 975 帧转换为关键帧→拖动背景图使它的左边与舞台的左边对齐→创建补间动画。

（3）在图层 2 插入前景动画。

插入图层 2，单击第一帧→把小燕子、流云、音乐拖放到这一帧就可以了。

测试影片发现，其效果还是不错的，只是小燕子的飞行没有走曲线罢了。

【操作研究】

1. 引导层动画的制作

引导层动画是在直线动画基础上拓展出的一种新的动画。制作这样的动画，大体上可以分为两个阶段，第一步，制作一个直线动画；第二步，添加运动引导层。其实，制作引导层动画，就是给做直线动画的对象规定一个运行的路径，命令它沿着该路径移动。制作引导层动画的关键是添加运动引导层和把动画对象与路径捆绑起来。

2. 运动引导层

运动引导层是一个图层，不过，它不是绘图的图层，而是一个专门绘制路径的图层。制作这样的图层分两步：第一步，在运动对象所在图层上添加运动引导层；第二步，在这个图层上画路径。运动引导层必须在运动对象图层的上面，而且要紧挨着运动对象所在的图层。所以，要先选中运动对象所在图层，再单击时间轴左下角的"添加运动引导层"按钮。使用"铅笔"工具画路径，笔不能够太粗，因为在后面的操作中将要用运动对象上的小圆圈套路径时，路径比小圆圈粗的话，就不能够使用小圆圈套路径了。通常使用 1 个像素，或者更细的笔。可以在选择铅笔工具后，在属性面板里把笔的粗度修改为 1 或者极细，然后在舞台上画路径。路径是在第一帧进行的，画路径前，心中要装着运动对象的"起始位置"和"终止位置"，从起始位置下笔，到终止位置收笔。如果操作相差不是太大的话，计算机会自动把运动对象放到路径上。实践告诉我们，很多人画的路径距离运动对象上的小圆圈太远，需要进一步调整。

3. 怎样调整运动对象与路径的位置关系

调整对象与路径的关系，不是在运动引导层进行，而是在运动对象所在的层面进行。调整的帧不是所有的帧，而是起始点所在的帧和终点所在的帧。当我们单击运动对象的起始帧时，运动对象的周围会出现一个方框，中间有一个小圆圈。方框是对象的最大边界，小圆圈是对象的中心。把对象加载到路径上，不是把对象放到路径上就了事了，必须是小圆圈在路径上，即路径穿过运动对象的中心点。在前面的操作中，我们要求小燕子身上的小圆圈与路径的起点重合，或者套住路径的终点，就是为了保证小燕子的中心点在设定的路径之上。运动对象的中心点，不一定非要套住路径的起点或者终点不可，但是，必须在路径上，而且要覆盖路径上的某个点。如果运动对象的中心点没有在路径上，或者路径没有穿过运动对象的中心点，那么视为运动对象与路径没有捆绑成功。播放动画的时候，运动对象并不沿既定的曲线移动，而是做直线运动。

为了确保运动对象与运动的路径捆绑成功。我们一方面在绘画前把铅笔调整得细一些，另一方面扩大舞台的显示比例，还有就是使用方向键慢慢调整运动对象的位置。

4. 元件的概念

我们在前面说过，用 Flash 8.0 制作课件或者动画，就像组装自行车。自行车的脚蹬、车把、铃、锁、链条、车轮，修车的人叫它们为零件。在 Flash 8.0 里，图片、图形、照片、声音、视频、动画这些组成课件和动画的部件，叫作元件。元件可以使用 Flash 8.0 自带的绘图工具制作，也可以从外部导入。所有元件都放在"库"中。

不同类型的元件都有各自的标记。在库中，使用 Flash 8.0 的工具自己画的图画叫作图形，用图标■表示。从 Flash 外部导入的图形、图片、照片，全部转换成位图，用小树样图标■表示。从外部导入的动画和使用 Flash 8.0 自带工具制作的动画，叫作影片剪辑，用齿轮样图标■表示。声音用喇叭状图标■表示。另外，还有后面会讲到的控制按钮，用图标■表示。如图 6.15 所示。

单击这些图标，可以在库上边预览其效果。

图 6.15

制作课件一般先要使用 Flash 8.0 自带的工具制作出所需要的元件，或者从外部导入课件所需要的元件。

5. 新建元件的类型

元件有位图、图形、影片剪辑、声音、按钮等多个类型，新建元件只有三个类型：影片剪辑、按钮、图形。

影片剪辑，指的是包含有运动的对象。如，扇动翅膀的小燕子和流云。如果要制作运动的对象，那么就要选择影片剪辑类型。

图形，指的是静态的图片。如不动的风景画、不动的小燕子。如果要制作静止不动的图片，那么就要选择图形类型。

按钮是用来控制影片的。我们在后面将做专题研究。

6. 元件界面与场景

原来舞台是一个长方形，时间轴上可能有多个图层，时间轴左上角有"场景 1"字样，这个时候的界面，叫作场景。插入新元件的时候，窗口发生了几个重要的变化，一个是舞台一下子扩展了许多，一个是时间轴上只剩下了一个图层，一个是时间轴的左上角多出元件的名称。这个时候的界面，叫作元件界面。这些变化说明，长方形的舞台是组装课件和动画的车间，扩展后的舞台是加工元件的车间，两种舞台不能够通用。要加工元件，必须到元件车间；要组装课件，必须到组装课件的车间。加工完元件后，要组装课件和动画，就必须回到场景。这就需要在场景和元件界面之间进行切换。

元件与场景之间的切换。由元件界面切换到场景的方法很简单，只需要单击时间轴左上角的"场景"字样就可以了；也可以单击时间轴右上角的"编辑场景"按钮，再选择要编辑的场景。由场景切换到元件比较麻烦一点，可以单击时间轴右上角的"编辑元件"按钮，选择要编辑的元件名称，或者双击库中元件的名称。

7. 测试元件与测试场景

我们知道，戏是分场演出的。一出戏，可能由许多场组成。Flash 动画和课件也是分场进行的。大的课件和动画会由多场组成。本书讲的是课件制作，重点是课件的制作技术和技巧，制作的课件和动画都比较简单，只有一场。

大的课件和动画，由许多场组成，每一个场由许多元件组成，每个元件由若干个图层组成，每个图层由许许多多的帧组成，每个帧都是由图形、声音、视频、动画、按钮这些基本对象组成，每个基本对象由成千上万的像素组成。场景和元件是像素级的对象不同级的集合，场景中包含元件。二者的测试方法不同。

测试场景的方法前面已经讲过，即选择菜单栏中"控制"项下拉菜单中的"测试场景"（或者测试影片），用专用的窗口播放。

测试元件的方法常用的有两种：方法一：按"回车"键。方法二：选择菜单栏中"控制"项下拉菜单中的"播放"。在编辑窗口播放。

注意：使用"测试影片"的方法，是不能够测试元件的。

【读者演练】

（1）制作儿歌《数鸭子》课件。要求：有一个鸭子走曲线。

（2）制作儿歌《虫儿飞》课件。要求：飞动的昆虫走曲线。

第五节 孙悟空大闹天宫

【学习指导】

（1）了解两个对象共用一条路径与一个对象运动引导层动画之间的关系。掌握其制作的过程。

（2）会使用属性面板设置运动对象的旋转和运动速度。

扫一扫

孙悟空大闹天宫

前面我们学习的引导层动画，是一个对象沿一条路径运动。而在实际生活中，有多个对象沿同一条路径运动的情况。比如，火车的几十个车厢都沿着同一条铁轨运行，一个班级的几十个学生都沿着操场的一条跑道出操。下面，通过一个实例来介绍多个对象共用一条路径的动画制作方法。

任务： 神话故事《孙悟空大闹天宫》妇孺皆知，小孩子特别喜欢这个故事。我们为这个故事做一段动画。

任务分析：孙悟空大闹天宫，与多个天兵天将战斗，在这里我们只制作孙悟空与哪吒的战斗。既然两个人在一起打斗，那么他们的运动路线应该是一样的。我们假定他们从舞台的右下角打到舞台左上角。当然，他们的打斗，不可能是事先画好一条线，约定好按照这条直线打斗。那就是说，他们打斗路径是一条曲线。另外，孙悟空最擅长的是翻筋斗。孙悟空不但要按照既定的路径运动，而且还要不停地旋转。

如果我们站在火车的旁边观察火车的运动，你会感觉到：当火车从我们身边掠过的时候，它的速度是非常快的，越往远处，速度越慢。但是这仅仅是人的感觉，其实火车是在做匀速运动。孙悟空和哪吒在舞台的右下角的时候，距离观众比较近，运行的速度要快一些，随着距离的远去，速度越来越慢。制作的动画，也要把人们的这种感觉表现出来。

图片和声音素材：我的电脑\E 盘\Flash 制作课件\图片（音乐）。

操作方法：

1. 导入素材

把"我的电脑\E 盘\Flash 制作课件\图片（音乐）"中天宫、孙悟空、哪吒的图片和音乐《猴哥》、《打击声》导入到 Flash 8.0 的库中。

2. 把天宫的图片插入图层 1 第一帧，设置其大小为 550×400，坐标为 x：0，y：0

3. 制作哪吒元件

选择菜单栏"插入"项下拉菜单中的"新建元件"→在"新建元件"对话框中点选"图形"→输入名称：哪吒→单击"确定"按钮→把背景图设置为"蓝色"→把位图"哪吒"拖放到舞台上→选中图片→选择菜单栏"修改"项下拉菜单中的"分离"（如图 6.16 所示）→选择"套索"工具→单击"魔术棒"→设置魔术棒的阈值：33→单击"确定"按钮（如图 6.17 所示）→单击哪吒的背景→当鼠标指针呈魔术棒状时再单击→按 Del 键→

用橡皮擦擦去没有删除的背景。如图 6.18 所示。

4. 制作孙悟空元件

选择菜单栏"插入"项下拉菜单中的"新建元件"→点选"图形"→输入图形名称：孙悟空→单击"确定"→把位图"孙悟空"拖放到舞台上（如图 6.19 所示）→选中图片→选择菜单栏"分离"→单击"套索"工具→单击魔术棒→选中哪吒的背景→当鼠标指针呈魔术棒状态时再次单击→按 Del 键→用橡皮擦擦去没有删除的背景。如图 6.20 所示。

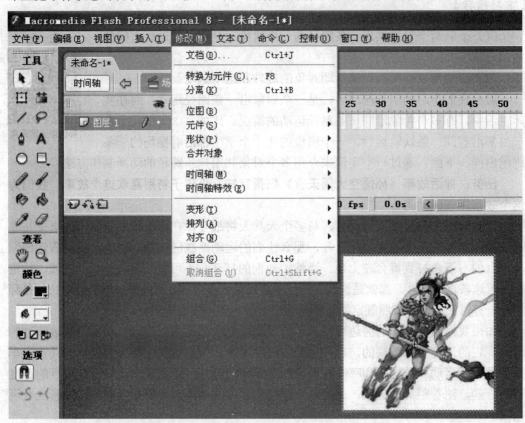

图 6.16

图 6.17

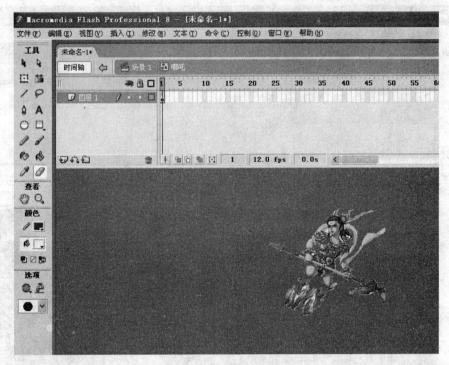

图 6.18

图 6.19

图 6.20

5. 制作哪吒移动动画

切换到场景 1→把图层 1 的第 200 帧转换为关键帧→锁定图层 1，打开图层 2，单击第一帧→把刚才做的哪吒图形元件放到第一帧（注意，不是哪吒"位图"元件，而是哪吒"图形"元件）→把第 200 帧转换为关键帧，并把哪吒缩小后放到舞台的左上角→在 1～200 帧之间创建补间动画→在图层 2 的上面插入运动引导层→在运动引导层画一条从舞台右下角到左上角的曲线。如图 6.21 所示。

在图层 2 第一帧，把哪吒放到路径上，但不要放在起点上，即让路径经过哪吒身上的小圆圈。因为，路径的起点还要放置孙悟空。在图层 2 第 200 帧，把哪吒放到路径的终点上。

测试影片，观察效果，看到哪吒是头部一直向上，沿曲线运动，越来越小。

哪吒不可能这样一直被动挨打，身体也会做一些转动。不妨让哪吒的身体沿路径做切线运动。

6. 设哪吒的身体为路径的切线

单击图层 2 第一帧→在"属性"面板上勾选"调整到路径"。如图 6.22 所示。

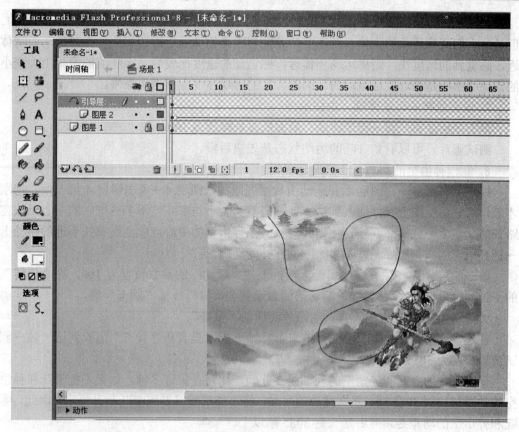

图 6.21

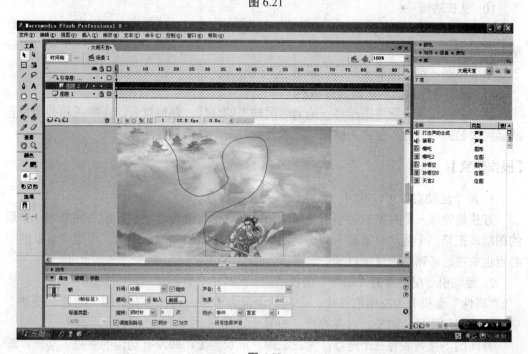

图 6.22

测试影片，看到哪吒身体时而倾斜，时而站立，始终是路径的切线，做着匀速运动。但是，人们观察运动的物体，对速度的感觉与距离物体远近密切相关。距离运动的物体近，感觉到的速度快；距离运动物体远，感觉到的速度比较慢。哪吒的图像是由大变小的，说明哪吒是由近及远运动的。因此，它的运动速度应该由快渐慢。

7. 设置哪吒的运动速度，由快渐慢

单击图层 2 第一帧→把"缓动"后面的参数修改成 100→按"回车"键。

测试影片，可以看到哪吒的运动状态是先快后慢。

8. 制作孙悟空的动画，让它追赶哪吒

锁定所有图层→在图层 2 和运动引导层之间插入图层 4→单击图层 4 第一帧，把刚才制作的孙悟空图形元件插入到这一帧→调整其大小与哪吒差不多→把它的中心点放在路径的起点上→把第 200 帧转化为关键帧→把孙悟空的中心点放在离哪吒不远的路径上→把孙悟空缩小得和哪吒差不多大→创建补间动画。

单击图层 4 第一帧→在"属性"面板上把"缓动"的参数设置为 100，在"旋转"的下拉列表里选择"逆时针"，旋转的圈数设置为"11"→按"回车"键。

9. 添加《孙悟空大闹天宫》动画片的插曲"猴哥"

在运动引导层上添加图层 5，单击第一帧→把库里音乐"猴哥"拖放到这一帧→测试音乐长度为 3085 帧。

我们制作的哪吒和孙悟空的动画是 200 帧，比声音短许多帧。如果不把哪吒和孙悟空的动画延长到 3085 帧，那么播放的时候，将不能够始终看到哪吒和孙悟空。因此，哪吒和孙悟空的动画必须向后延长到 3085 帧以上。

10. 延长动画

锁定所有图层，解开图层 2→复制第 1～200 帧→将其粘贴到第 201 帧→继续向后粘贴，直至 3085 帧。

如法炮制，延长图层 4 里的动画至 3085 帧。

11. 装饰课件，插入铁器的打击声

锁定全部图层，新建图层 6→拖到时间轴上的红线，观察舞台，在哪吒和孙悟空有武器间接触的地方插入空白关键帧→把铁器的打击声拖放到这一帧。

【操作研究】

1. 两个运动对象可以共用一条路径

方法是先做一个对象的运动引导层动画，在这个对象与运动引导层之间插入一个新的图层，把第二个运动对象插入到这一图层，做一个直线动画，把第二个运动对象的中心点也放在这条路径上就可以了。

2. 运动引导层动画的"属性"面板

"属性"面板分为左中右三块，中间一块最为重要。它包含有补间、缩放、缓动、旋转、调整到路径、同步、对齐等项。如图 6.23 所示。

补间的下拉列表有三个选项：无、动画、形状。无，即没有动画的意思。动画，即有动画的意思，这里主要指移动动画。形状，是另一种动画的形式，我们将来会讲到的。

如果我们做的是移动动画，那么"动画"是必选的。即便没有在属性面板里选择，计算机也会自动选择这一项。

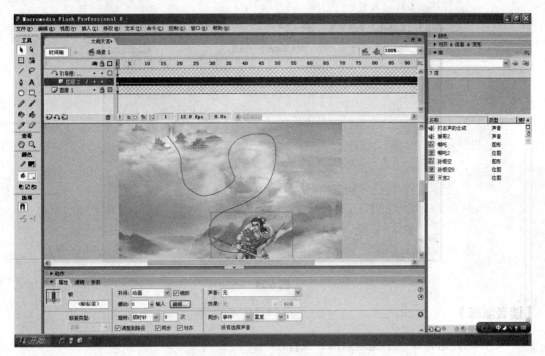

图 6.23

缩放。勾选它，表明允许在播放动画的过程中缩小和放大运动对象。不选择它，表明在播放动画的过程中，不允许缩放运动对象。物体有远小近大的特性。所以，制作包含有纵向运动的动画，都要勾选"缩放"；上下左右运动的动画，不选这一项。

缓动。是调整运动速度的一个工具。在"缓动"二字后面的书写框里，允许填写-100到 100 的参数。数值越大，动画开始的速度越快，而后逐渐放慢。反之，数值越小，动画开始阶段的速度越慢，而后，逐渐加速。0 为匀速运动。后面的"编辑"是打开"缓动编辑对话框"的启动按钮。单击它，可以打开缓动编辑对话框。

同步和对齐，是两个默认项目。一般不调整其状态。

用鼠标指针单击斜线，可以增加修改线条形状的关键点，拖动关键点可以看到运动速度的变化情况。这是一个笛卡尔坐标系，横坐标是时间（帧），纵坐标是完成动画的比率，比率越高，动画越快。比如说，孙悟空做匀速运动，在第 50 帧的时候，应该走完25%的路程。如果在第 50 帧和 25%的交点上单击，把斜线上这个点拖放到 50 帧与 80%的交点上，确定以后。播放动画，到第 50 帧的地方，孙悟空就要走全程的 80%，速度提高了许多。

"旋转"的下拉列表里有四项：无、自动、逆时针、顺时针。"无"表示运动的对象不旋转；"自动"是指运动对象自动旋转；"逆时针"是指运动的对象按逆时针方向转动；"顺时针"是指运动的对象按照顺时针的方向转动。转动的方向要因具体情况而定。动画里的孙悟空面朝左，它要向下抡金箍棒，那么只能够是逆时针旋转。选择了旋转的方向后，要在后面输入旋转的次数。

调整到路径，即运动的对象始终是路径的切线，这项功能很少用。

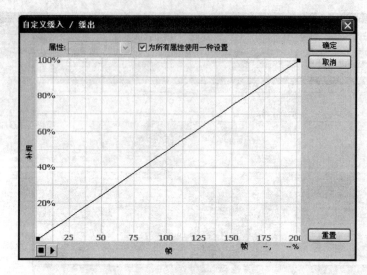

图 6.24

【读者演练】

制作幼儿语言课《小兔运南瓜》课件。

故事梗概：小兔在回家的路上，拣到一个既圆又大的南瓜。怎样才能够把它运回家呢？小兔子想了想，决定用滚动的方法把南瓜运回家。

制作要求：南瓜和小兔子要走同一条路径。

第六节　儿歌《小雪花》课件制作

【学习指导】

进一步了解课件的组装思想，变形工具的使用方法和场景的制作方法。会设置帧属性面板。

前面我们所做的课件，都是根据音乐的长度制作的。由于音乐部分比较长，动画部分比较短，为了让播放音乐的时候，总有动画出现，我们把动画部分复制后粘贴在时间轴上，使动画的长度和音乐的长度一样。这样做不仅会让课件中的动画反复重复，还会多占用计算机空间，影响课件播放的流畅程度。能不能不复制粘贴动画，也能够使播放音乐的时候始终出现动画呢？方法是有的，下面我们将通过一个具体的实例说明怎样解决这个问题。

儿歌《小雪花》的歌词：

扫一扫

小雪花

小雪花　小雪花

飘在空中

像朵花

小雪花　小雪花

变窗花

小雪花　小雪花

不见了

任务：制作儿歌《小雪花》课件。

任务分析：这首儿歌有三个乐段。第一个乐段的主要元素有雪花和一个有雪的风景画；第二个乐段的主要元素有雪花和房屋的图片；第三个乐段有雪花和小手元素。三个乐段的场景不一样，因此，我们用 Flash 8.0 的三个场景分别表现这首儿歌的三个乐段。三个乐段的主要元素都是小雪花，仅场景有变化。把第一场景里的背景换成第二个乐段的背景图和背景音乐，就可以得到第二个场景，换成第三个乐段的背景图和背景音乐，就可以得到第三个场景。制作这个课件的关键是制作第一个场景，即第一个乐段的动画。下面我们重点介绍场景 1 的制作。

场景 1 里有下落的小雪花、雪天的风景画和第一乐段的音乐，也可以增加一个快乐天使，烘托一下气氛。根据课件组装思想，我们可以把这些元素都做成元件，把它们组装在一个帧里。

素材地址：我的电脑\E 盘\Flash 制作课件\图片（音乐）。

操作程序：

1. 把"我的电脑\E 盘\Flash 制作课件\图片（音乐）"里与本课有关的素材导入到库

2. 制作雪花元件

多数雪花有六角，每个角都是一个树枝状的图形。我们可以先画出雪花的一个角，再复制粘贴出其他角。

选择菜单栏"插入"项下拉列表中的"新建元件"→点选"影片剪辑"→输入名称：小雪花→单击"确定"按钮→把舞台设置为蓝色→用"线条"工具画出一个宽为 8 个像素的白色柏树树枝→把所有线条全部组合成一个整体。如图 6.25 所示。

选择菜单栏"窗口"项下拉列表中的"变形"命令，打开"变形"对话框（在窗口的右边）。如图 6.26 所示。

选中这个图形→单击"任意变形"工具→把图形向旋转中心拖放到树枝的根部→点选"旋转"→在"旋转"二字的后面输入 60→单击"复制并应用变形"按钮→最后把雪花组合成一个整体。如图 6.27 所示。

把第 150 帧转化为关键帧→创建补间动画→添加运动引导层→在第一帧，把雪花放到路径的起点，并缩小雪花到玉米粒大小→在第 150 帧，把雪花放到路径的终点，并缩小雪花到蚕豆粒大小。

图 6.25

图 6.26

图 6.27

3. 制作天使元件

库中的天使是一个只会扇动翅膀，但不往前飞的 gif 动画。现在，我们把它做成一个引导层动画。

选择菜单栏"插入"项下拉列表中的"新建元件"→影片剪辑→输入名称：飞行的天使→单击"确定"按钮→把库中的天使动画拖放到舞台上→把第 120 帧转化为关键帧→创建补间动画→添加运动引导层→在运动引导层画出路径→在第一帧中，把天使放到路径的起点，并缩小→在第 120 帧，把天使放到路径的终点，并缩小→把第 60 帧转化为关键帧→在这一帧中，放大天使。

单击图层 1 第一帧→单击属性面板的"编辑"按钮→在"缓动"对话框里，把第 60 帧的速度提高到 70%→单击"确定"按钮。如图 6.28 所示。

这样设置缓动，再结合前面的起始点、至终点和第 60 帧天使的大小变化，可以产生天使由远及近的视觉效果。

4. 组装课件的第一乐段

切换到场景 1→把"雪景 4"拖放到舞台上，在属性面板设置其宽：550，高：400，x：0，y：0→把库中的"小雪花"影片剪辑拖放到舞台上，同时可以多拖放一些小雪花，分别分布在舞台的各个位置，有的可以放在舞台的上方，有的可以缩小一些→把影片剪辑"飞行的天使"拖放到舞台上→把第一段的音乐也拖放到舞台上。

5. 测试场景

选择菜单栏"控制"下拉列表中的"测试场景"即可。

发现音乐一会儿就停止了，而动画还在进行。那么，怎样才能够使音乐一直播放呢？

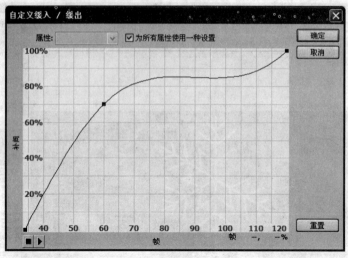

图 6.28

6. 设置音乐一直播放

单击第一帧→在"属性"面板里，"同步"的选项中选择"开始"和"循环"。如图 6.29 所示。

图 6.29

7. 制作场景 2（即第二乐段）

插入场景：选择菜单栏"插入"项下拉列表中的"场景"命令（观察时间轴的左上角有什么变化？）。

制作动画：把有窗口的图片、飞行的天使影片剪辑、小雪花影片剪辑、第二段音乐都拖放到舞台上，并调整它们的大小和位置，如图 6.30 所示。在帧的"属性"面板里，把同步属性设置为"开始"和"循环"。

8. 制作场景 3（即第三乐段）

制作手捧雪花的元件：选择菜单栏"插入"项下拉列表中的"新建元件"→点选"图形"→输入名称：手捧→单击"确定"按钮→把图片"手 2"拖放到舞台上→分离图片"手 2"→用"魔术棒"和"套索"工具去掉多余的部分。

制作动画：把雪景图拖放到舞台上，调整到和舞台一样大，并且和舞台重合→把"手捧"图形元件放到舞台上→把"飞行的天使"、"小雪花"、第三乐段音乐都拖放到舞台上→在帧的"属性"面板里，把同步属性设置为"开始"和"循环"。如图 6.31 所示。

图 6.30

图 6.31

这是一个稍微复杂一点的课件，由三个场景组成。要了解整个课件的运行情况，就要测试影片（注意不是测试场景）。

9. 测试影片

选择菜单栏"控制"项下拉列表中的"测试影片"命令。测试时发现，三个场景快速地轮流闪现，三个乐段几乎同时在播放，情境一片嘈杂。根本不能够在课堂使用。

课件的播放是根据教学进度而定的，讲到什么地方，就播放什么内容。不能同时播放三个课件的场景和音乐。因此，要对整个课件做一些改进。使教师能够控制课件的播放，当需要第一乐段的时候，播放场景 1，当需要第二个乐段的时候，老师再播放场景 2，当需要第三个乐段的时候，老师再播放场景 3。也就是说，老师在播放场景 1 的时候，要停止播放场景 2 和场景 3；播放场景 2 的时候，要停止播放场景 1 和场景 3；播放场景 3 的时候，要停止播放场景 1 和场景 2。这就需要每个场景都有停止和播放两个状态。怎样控制场景的停止和播放呢？

10. 设置场景的停止

单击时间轴右上角的"编辑场景"按钮→选择"场景 1"，切换到场景 1→单击场景 1 的第一帧→单击舞台左下角的"动作"二字（看看界面有什么变化）→单击"全局函数"展开它→单击"时间轴控制"展开它→双击"stop"→单击"动作"二字。如图 6.32 所示。用同样的方法设置场景 2 和场景 3。

11. 测试影片

测试影片时发现，课件停止在场景 1，并不前进。那么，怎样跳转到场景 2 和场景 3 呢？方法很简单：只要按"回车"键即可实现。

关于影片的控制，后面有一个单元专门研究，这里只是让大家初步感知一下。

图 6.32

【操作研究】

1. 进一步认识元件

元件是组成课件或者动画的零件。制作元件，可以做得大一些，也可以做得小一些。一个课件里的元件，可以多一些，也可以少一些。元件做得大一些、多一些，场景的帧数就会少一些。元件做得小一些、少一些，场景的帧数就会多一些。制作《小雪花》这个课件，我们可以不做"小雪花""飞行的天使"元件，而是把它们做成场景里的动画。那样得到的场景，其帧数会非常多。第五节，制作的《孙悟空大闹天宫》，如果我们把哪吒和孙悟空的动画做成影片剪辑元件，那么场景就能够由 3085 帧压缩为 1 帧，大大缩小了课件的体积。所以，在制作课件或者动画的时候，要尽可能地多使用元件和制作比较大的元件。

2. 帧的属性

帧的属性是针对帧中的声音设定的。如果帧中有声音，那么就可以通过帧的"属性"

面板修改声音的属性。单击帧后，"属性"面板自动显示帧的各种参数，包括"声音""效果""编辑""同步""循环"，如图 6.33 所示。

图 6.33

"声音"对话框是用来选定声音文件的。它里面放置着库中所有的声音名称。欲加工哪个声音，就选择哪个声音。

"效果"对话框是用来设定声音播放方式的。单击"效果"后面的"自定义"，会弹出下拉列表，你可以从中选择需要的内容。如图 6.34 所示。

比如说，动画中有一个人由近及远、边走边唱，那么就可以选择"淡入"，使播放的声音越来越小。这样，人物动画就与声音和谐统一了。

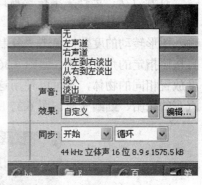

图 6.34

如果对这些既定的选项不满意，那么还可以自己设计声音的播放效果。单击"编辑"按钮，会弹出"编辑封套"对话框。如图 6.35 所示。

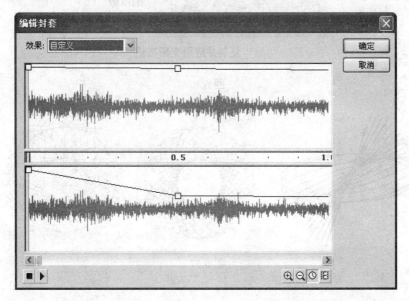

图 6.35

还可以拖动对话框里的小方块，改变声音的高低，创设出新的播放效果。

"同步"的下拉列表有四个选项"事件""开始""停止""数据流"，每一项的二级下拉列表里都有两项"重复"和"循环"。"重复"指重复播放音乐的次数。"循环"指循环播放音乐。重复的次数一旦设定，播放到设定的次数后，就会停止播放声音。如果选择"循环"，则不停地播放声音，直到切换到另一个场景。我们在制作《小雪花》课件的第一乐段的时候，起初第一乐段只播放一次，设为循环播放后，第一乐段不停地播放。

3. 场景

场景的概念，我们在前面介绍过，可以把它看作课件的一个大的零件，也可以理解为一场戏，一大段动画。

插入场景的方法：选择菜单栏"插入"项下拉列表中的"场景"命令即可。

4. 变形工具

打开方法：选择菜单栏"窗口"项下拉列表中的"变形"命令即可。

变形工具是绘图的辅助工具。选中图形后，确定图形旋转的中心，点选"旋转"，输入图形转动的度数，单击"复制并应用变形"按钮，就可以复制一次选中的图形，并且按照指定的角度放置。如图 6.36 所示。这个复制图形的方法很重要。凡是按照一定角度放置相同的物体，都可以使用这种方法绘制。比如花朵、电扇的叶轮、飞机的叶轮、汽车的轮胎、蝈蝈笼子。图 6.37 所示的就是使用这个方法画出的各种图形。

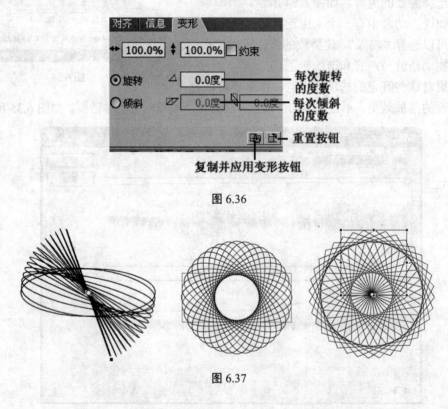

图 6.36

图 6.37

第七章　形状动画

　　物有三态，固态、液态和气态。固态物体的运动变化，有位置的移动、大小的变化、宽窄的变化和角度的变化。这些运动变化情境，使用移动动画基本上可以模拟出来。物质处于液态和气态时，其运动变化非常复杂，不仅包含位置的移动、大小的变化，最主要的是其外形会发生翻天覆地的变化，面目全非，成为一个形态全新的物质。比如说炊烟、火烧云、小溪里流动的水、大海里翻滚的波涛，它们的初始状态与运动变化后的形态完全不同。还有《西游记》里孙悟空的变化，《聊斋》里的狐仙，其原本的事物与变成的事物完全是两码事。孙悟空变成牛魔王，二者的形象完全不同；狐狸精变成仙女，一个是动物，一个是人物。这些变化，用移动动画是无法模拟的。要模拟这些变化，就要学习形状动画。

　　我们把形状发生变化的动画叫作形状动画。不包括物体长宽的变化和角度的变化。在这一章，我们将通过几个实例介绍这类动画的制作方法和技巧。

第一节　同学们好！I love you!

【学习指导】

　　了解形状动画的内涵，形状动画与移动动画的关系，会制作简单的形状动画。

　　任务 1：把红色汉字"同学们好！"变成蓝色的"I love you!"

　　任务分析：任务中包含有汉字"同学们好"和英文字母"I love you!"两个元素。因而，在时间轴上必须有这两个元素出现。否则，是播放不出来这些汉字和英文的。因为是把汉字"同学们好！"变成英文"I love you!"。所以，"同学们好！"应该在前面，"I love you!"应该在后面。由汉字变成英文是需要一个过程的，任务没有指定变化的过程，那就暗示着，至于变化的时间、变化速度快慢、操作者可以自行设定。

扫一扫
同学们好！I love you!

　　我们假定，汉字经过 60 帧的变化成为英文。那么第一帧应该是汉字"同学们好！"，第 60 帧应该是英文"I love you!"。

　　操作方法：

　　1. 在第一帧输入"同学们好！"

　　输入文字：选择工具栏里的"A"→填充色选择"红色"→在舞台上拖放出一个文本框，输入"同学们好！"。

分离文字：实箭头单击"同学们好！"→在菜单栏"修改"的下拉菜单中选择"分离"（注意观察选中汉字的变化）→再次单击菜单栏"修改"下拉菜单中的"分离"选项（注意观察汉字的变化）。

2. 在第 60 帧输入"I love you！"

输入英文：把第 60 帧转换为空白关键帧→输入蓝色"I love you！"。

分离英文：选择实箭头单击"I love you！"→在菜单栏"修改"的下拉菜单中选择"分离"（注意观察选中汉字的变化）→再次单击菜单栏"修改"下拉菜单中的"分离"选项（注意观察汉字的变化）。

3. 设置动画

在时间轴上第一帧和第 60 帧之间单击某处任一帧→在"属性"面板里选择"补间"的类型为"形状"（观察时间轴的变化）。

4. 测试影片

测试影片时汉字"同学们好！"逐渐分离变形，慢慢演变成英文"I love you！"。但是，"同学们好！"和"I love you！"都是一闪而过，停留的时间比较短。怎样才能让它们在屏幕上多停留一段时间呢？办法只有一个，那就是延长它们的帧数。

5. 延长"同学们好！"和"I love you！"的停留时间

延长"同学们好！"的播放时间：选中"同学们好！"→点击鼠标右键，在弹出的快捷菜单中选择"复制"→在第 2 帧插入空白关键帧→单击第 2 帧→选择"编辑"菜单中的"粘贴到当前位置"→向后拖放"红竖线"到第 10 帧。来回拖放"红竖线"发现，1～10 帧的汉字一样，都是完整的"同学们好！"。因为一帧的播放时间是 1/20 秒，所以，这样的操作使汉字的播放时间延长到 1/2 秒。

延长"I love you！"的播放时间：把第 80 帧转化为关键帧。这样第 60～80 帧的内容都是同样的英文"I love you！"。播放时在屏幕上停留的时间是 1 秒。

任务 2：经过 100 帧的变化，把英文"I love you！"变成"两枝鲜花"，鲜花在屏幕上停留半秒钟，在变化的过程中伴随雷声。

任务分析：经过前面的操作，英文的最后一帧是第 80 帧。经过 100 帧的变化，到达的帧应该是第 180 帧。所以，第 180 帧是存放鲜花的地方。第 80 帧是英文，第 180 帧是鲜花，内容完全不同。因此，应该先把第 180 帧转换为空白关键帧，再在里面作画。

操作方法：

1. 把第 180 帧转换为空白关键帧

2. 在第 180 帧画两枝鲜花

在第四章第三节的儿歌《小草》中介绍过鲜花的画法。按照前面介绍的方法，可以很容易画出两枝鲜花。如图 7.1 所示。

3. 分离鲜花

在菜单栏"修改"选项的下拉菜单中选择"分离"即可。

4. 设置动画

在时间轴第 80～180 帧之间单击某处→把属性面板里的

图 7.1

"补间"类型选择为"形状"。

5. 延长鲜花的停留时间

半秒钟即 10 帧。所以，把第 190 帧转换为关键帧就可以了。

6. 插入雷声

把雷声导入到库中→在时间轴上第 80～180 帧之间单击某处→在属性面板中单击"声音"后面的倒三角→选择"雷声"

7. 测试影片

测试时，我们可以看到汉字"同学们好！"渐渐演变成英文"I love you！"，片刻，英文字母又逐渐变化成两枝鲜花。在英文演变成鲜花的过程中，伴随有一声春雷。

【操作研究】

1. 形状动画

任务一和任务二，都是制作的形状动画。从影片测试的情况来看，原来的汉字变成英文，后来英文又变成了鲜花，都是由一种事物变成了另一种事物，其形象发生了很大的变化。这就是形状动画的功能。

制作形状动画，第一步：在起始帧画出要变化的对象，并彻底分离对象；第二步：在终止帧画出变成的对象，也要彻底分离对象；第三步：设置动画。

制作形状动画与制作移动动画相比较，相同的是，制作的步骤一样，都是三步，即确定起始帧对象、终止帧的对象和设置动画。所不同的是，制作移动动画不需要分离对象，制作形状动画要分离对象，而且要彻底分离；制作移动动画，一般把起始帧后面的某一帧转换为关键帧，而制作形状动画则是要把起始帧后面的某一帧转换为空白关键帧，用以放置与起始帧完全不同的对象。

我们常常使用制作形状动画的方法模拟云彩、水流、烟雾、火光等不规则的形态变化。

2. 形状动画的属性面板

单击时间轴上形状动画的任意一帧都可在舞台的下边显示出形状动画的属性面板，如图 7.2 所示。

面板中的项目与移动画的属性面板差不多。其中，"形状"是"补间"的必选项。"缓动"的功能是设定某些帧的动画速度，参数从-100 到 100，参数越小，动画的初期变化越慢；参数越大，动画

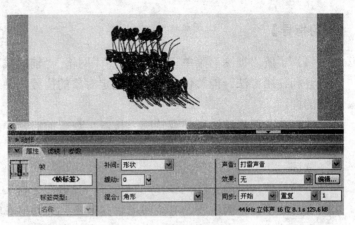

图 7.2

的初期变化越大；0 为匀速变化。

"声音"的选项里，有该动画库中所有声音，要在这段动画里使用哪一个，就选择哪一个。

"同步"里有四个选项，即事件、开始、停止和数据流，如图 7.3 所示。后面对应的选项有两个：重复和循环。"事件"指选择的声音事件。"开始"指开始声音的意思。"停止"指停止声音播放的意思。"数据流"表示仅在某一段动画中播放的意思。

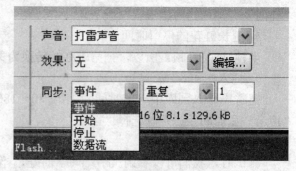

图 7.3

我们制作的这个动画，包括两段：第一段为 1～80 帧，第二段为 80～190 帧，雷声要插入到第二段中。下面是在"同步"中选择不同参数的播放效果。

同时选择"事件"和"循环"，表示从第二段开始播放雷声，以后雷声重复出现，而且一声紧接着一声，有些声音交叉在一起，即便是在没有插入声音的第一段也有雷声。

同时选择"开始"和"循环"，表示从第二段开始播放雷声，以后，雷声重复出现，没有交叉。即便是在没有插入声音的第一段也有雷声。

同时选择"停止"和"循环"，没有声音。

同时选择"数据流"和"循环"，表示仅在播放第二段时，能够听到雷声。

【读者演练】

（1）制作拖拉机排烟的动画。

（2）制作炊烟袅袅上升的动画。

第二节　儿歌《小雨沙沙》课件的制作

【学习指导】

（1）了解"视图"菜单里的"标尺""网格""辅助线"三个子菜单的打开和使用方法。能够使用辅助线确定对象的位置，使用网格画既定位置的椭圆。

（2）会使用"绘图纸外观轮廓"按钮，观察前后帧中对象位置和大小，确定后面帧中对象的位置。

扫一扫

小雨沙沙

歌词：

小雨沙沙，小雨沙沙，轻轻地飘落下，种出一个春天，开出一片水花。

小雨沙沙，小雨沙沙，有个问题请你回答：你的家在哪里？谁是你的妈妈？

小雨沙沙，小雨沙沙，你问我回答：我家在天上，白云是妈妈。

素材位置：我的电脑\E 盘\Flash 制作课件\图片（音乐）。

任务：为教学儿歌《小雨沙沙》制作一个简单的课件。

任务分析：从第一乐段歌词的内容看，小雨的场景里有池塘、下落的雨滴、雨滴落在水里激起的涟漪。为了表现池塘里水面的宽广，我们可以把舞台设置为蔚蓝色，看上去好像水面一望无际。一般说来，下落的雨滴和涟漪是两个动画对象，要各使用一个图层。然而，由于雨滴的下落和涟漪的泛起不同步，也没有交叉，而是一个接着另一个。所以，可以把一个雨滴的下落与一个涟漪的泛起放在一个图层里。雨滴下落的动画结束后，紧接着就是涟漪动画。

雨滴的下落是一个移动动画，涟漪的泛起是一个形状动画。雨滴下落的速度比较快，用的帧数要少一些。涟漪泛起的速度比较慢，用的帧数要多一些。雨滴下落可以是 10 帧，涟漪泛起可以是 60 帧。

操作方法：

方法一：

1. 把舞台的背景色设置为蔚蓝色

2. 制作雨滴下落

在第一帧里的舞台上方画一条大约 1 厘米长、1 个像素粗的白色斜线段表示雨滴→把第 10 帧转换为关键帧，沿线段的方向把它拖放到舞台的下边→创建补间动画。

3. 制作泛起的涟漪

显示标尺：在"视图"菜单下选择"标尺"。

显示网格：单击"视图"菜单→选择"网格"→再选择"显示网格"。

显示辅助线：单击"视图"菜单→选择"辅助线"→再选择"显示辅助线"→把鼠标指针放到舞台上方的水平标尺上，向下拖动，松开手，在舞台上可以看到一条水平的辅助线→鼠标指针放到舞台左边的尺上，向右拖动，松开手，在舞台上可以看到一条竖直的辅助线。

把第 11 帧转换为空白关键帧，单击时间轴左下角的"绘制纸外观轮廓"按钮，可以看到前两帧雨滴的位置→在雨滴消失的地方画两个小的同心椭圆圈（椭圆内不填充）→拖动辅助线，使两条辅助线的交点在椭圆的中心上→把第 70 帧转换为空白关键帧→用"任意变形"工具全选两个椭圆→拖动控制点，使两个椭圆同比例放大 6 倍左右→在第 11～70 帧之间某处单击→在属性面板里设置"补间"的类型为"形状"。

4. 做第二个雨滴和涟漪

锁定图层 1→新建图层 2→从图层2的第25帧开始做雨滴下落和泛起的涟漪。

5. 装饰课件

可以在舞台的边角地方画一些荷叶和青蛙之类的水生植物和

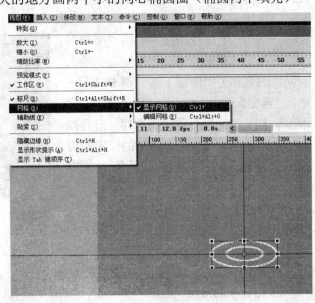

图 7.4

动物。

6. 插入《小雨沙沙》的音乐

图层 1 和图层 2 的动画是一样的，都是雨滴落下，涟漪泛起。因此，我们可以把这两个连续的动画制作成一个影片剪辑元件。

方法二：

1. 把舞台的颜色设置成蔚蓝色

2. 制作雨滴下落的元件

单击菜单栏中的"插入"菜单→选择"新建元件"→再选择"影片剪辑"→名称设为"雨滴下落"→单击"确定"按钮→在第一帧中舞台的上方画一条白色的细短斜线→把第 10 帧转换为关键帧，移动线段至舞台的下方→创建补间动画→把第 11 帧转换为空白关键帧，在雨滴下落的地方画一个白色椭圆圈→把第 70 帧转换为关键帧，并拉大椭圆圈。

3. 制作场景

切换到场景→把库中刚才制作的影片剪辑"雨滴下落"元件往舞台上拖放 3～5 个→改变它们的大小，调整它们的位置。

4. 插入声音

按照以前学习的插入声音方法，把"小雨沙沙"的音乐插入此课件中。

5. 装饰课件

可以找一些水生动物、植物 gif 动画，放在舞台的周边，美化一下舞台。

6. 测试影片

测试影片时发现，所有的雨滴都是同时下落的，这与实际情况不相符。实际情况是有些雨滴下落得早，有些雨滴下落得晚一些。怎样才能获得这样的效果呢？

根本的方法是要有不同下落时间的影片剪辑元件。我们可以通过复制"雨滴下落"元件，用修改它的下落时间的方法获得一些下落时间不相同的影片剪辑元件。

7. 制作"雨滴下落. 副本"

在库中，右键单击影片剪辑"雨滴下落"→在快捷菜单中选择"复制"→输入新元件的名称为"雨滴下落. 副本 1"→单击"确定"→在库中双击"雨滴下落. 副本 1"，打开该元件→选中所有帧，向后拖动一些帧→在第一帧雨滴原来的位置，再画一个雨滴→把第二帧转换为空白关键帧。

在舞台上新建一个图层，在这个图层里画一些荷叶。如图 7.5 所示。

图 7.5

【操作研究】

1. 相邻帧的衔接问题

当相邻两个帧里的对象联系非常紧密的时候，就涉及一个对象定位问题。如果处理不好，那么动画的效果就会不理想。比如，雨滴接触水面后消失在水池里，同时泛起涟漪。上一帧是雨滴，紧接着下一帧是涟漪。涟漪的中心必须是雨滴落入水面的地方。如果把表示涟漪的椭圆圈画得偏离了雨滴入水点，那就与实际情况不相符，看上去不真实。再比如，涟漪是向四周慢慢散开的。如果第 70 帧的椭圆圈与第 11 帧的椭圆圈不同心，那么涟漪在扩展的过程中，会朝着一个方向移动也不符合实际情况。制作出的动画就会失真。

怎样确定前后帧中对象的位置呢？最常用的方法是在动画补间之前，单击时间轴左下角的"绘图纸外观轮廓"，显示前后帧中对象的位置和形状，如图 7.6 所示。这样，在制作后面的帧时，就有了参照物。此外，也可以使用标尺、网格线和辅助线，确定上一帧中对象的位置。

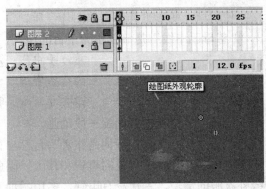

图 7.6

2. 标尺

标尺，即固定在舞台周围的尺子。通常在舞台的上方和左边。单击"视图"菜单下的"标尺"可以拿出尺子，再单击它会收起尺子。

我们常常根据舞台对象对应于标尺上的刻度来确定对象的位置。

3. 辅助线

辅助线，是用来帮助我们确定对象位置的直线。当我们在"视图"菜单的"辅助线"命令下选择"显示辅助线"的时候，它便隐藏在标尺里。鼠标指针放在标尺上向舞台中央拖动，可以看到它，松开手就停留在舞台上了。再次拖动可以改变它的位置，也可以把它再次隐藏在标尺里。用辅助线定位非常方便，而且也比较准确。

使用辅助线定位，一般要先打开标尺，并显示辅助线，然后，才能够使用它。

4. 对"雨滴下落．副本"的加工

我们在加工"雨滴下落．副本"的时候，把整个动画都向后移动了一些帧，延缓了雨滴下落的时间。那么为什么还要在第一帧画一个雨滴呢？原因是计算机把元件第一帧的对象默认为元件的图标，如果第一帧没有内容，那么当我们把元件拖放到舞台上后，元件的标记仅仅是一个点。在属性面板上显示它的长是 0，宽也是 0。这就没有办法改变元件的大小了。所以，我们制作元件，第一帧必须有内容。

【读者演练】

（1）做一段火烧云变化的动画。
（2）制作《狼和小羊》的动画。主要表现羊喝水的动画。

第三节　慈母手中线

【学习指导】

使用填充变形工具，调整图片性质。

"慈母手中线"是一首留芳千古的诗句，作者是我国古代诗人孟郊。诗的前六句是：

慈母手中线，游子身上衣。

临行密密缝，意恐迟迟归。

谁言寸草心，报得三春晖。

任务：给这首古诗词配一段动画。

任务分析：这首古诗词是作者写自己出行的时候，母亲给自己缝补衣裳的情境，表现了母爱的可贵和伟大。因此，动画的主体应该是母亲缝补衣服的情境。古代没有电灯，多用蜡烛。所以，我们可以制作这样的动画：在昏暗的烛光下，一位老母亲正在缝补衣衫。母亲是背景，烛光是前景。蜡烛在燃烧的时候，融化了的蜡水会顺着蜡烛流淌下来；火焰在蜡芯上跳跃，烛光随着焰火的跳动而闪烁。流淌的蜡水，跳跃的火焰，闪烁的烛光都是不规则的变化，这些都可以用形状动画模拟。

扫一扫

慈母手中线

素材位置：我的电脑\E 盘\Flash 制作课件\图片（音乐）。

操作方法：

1. 把"我的电脑\E 盘\Flash 制作课件\图片（音乐）"里的音乐和图片导入到库

2. 制作背景

插入图片：把妈妈缝补衣衫的照片拖放到舞台上，设置成和舞台一样大小，并且完全覆盖舞台。

把图片转换为图形：单击"照片"→在菜单栏"修改"选项的下拉菜单中选择"转换为元件"→再选择"图形"→名称改为"妈妈缝衣 2"→单击"确定"。

调整图形的基调：单击图片→在属性面板里的"颜色"选项卡下选择"色调"，单击色调后面的"颜色"按钮选择颜色，也可以直接在对话框里输入参数。如图 7.7 所示。

图 7.7

图 7.8

3. 制作蜡烛元件

单击菜单栏"插入"选项→选择"新建元件"→单击"图形"选择图形（指舞台上的图形）→名称设为蜡烛→单击"确定"→用椭圆工具画一个红色边线、放射性填充的椭圆→用混色器修改填充颜色，使之内黄外红→复制再粘贴这个椭圆，制作出第二个一样的椭圆→画一个红边的、线性渐变的竖立长方形，使用混色器调整颜色，使它的颜色与椭圆一致→用实箭头选中三个对象→单击菜单栏"修改"选择"对齐"命令→选择"设置为相同宽度"→分别组合三个对象并调整它们的排列层次，使得一个椭圆位于长方形的下层，一个椭圆位于长方形的上层→拼装成一根蜡烛的主体→全部分离蜡烛→用"铅笔"工具画出蜡烛的芯→组合图形。如图7.9所示。

图7.9

4. 制作有火焰的蜡烛

插入名为"火焰蜡烛"的影片剪辑元件→把图形元件"蜡烛"拖放到舞台上→把第10帧转换为关键帧→锁定图层1，添加图层2→在图层2的第一帧画一个由黄变红的无边线椭圆作为火焰→把第10帧转换为关键帧→单击1～10帧之间→在属性面板里选择"补间"的动画类型为"形状"。

5. 制作有蜡水淌下的蜡烛

插入名为"蜡水淌下的蜡烛"影片剪辑元件→把"火焰蜡烛"拖放到舞台上→第20帧转换为关键帧→锁定图层1，新建图层2→在图层2的第一帧，用铅笔工具画一段流淌的蜡水→把第20帧转换为空白关键帧→再画一长段流淌的蜡水→单击1～20帧之间→在属性面板里，设置"补间"的类型为"形状"。

6. 制作闪烁的烛光

新建一个名为"烛光"的影片剪辑元件→在第一帧，做一个无边线的放射性椭圆→使用混色器把颜色设置成外部为红色、内部为黄色，Alpha值为40→把第10帧转换为关键帧→用混色器调整颜色的浓度和Alpha值，使之与原来稍有不同→单击工具栏里的"填充变形"工具→单击"椭圆"工具，拖动控制点，可以改变中心颜色的形状、大小、角度。使起始帧和终止帧中心的颜色不完全一样→做形状动画。如图7.10所示。

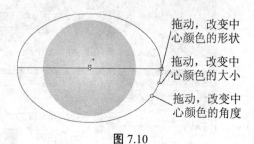

拖动，改变中心颜色的形状

拖动，改变中心颜色的大小

拖动，改变中心颜色的角度

图7.10

7. 组装动画

把刚才制作的"蜡水淌下的蜡烛"元件拖放到舞台上→再把"烛光"元件拖放到舞台上→移动"烛光"元件，使它的中心与蜡烛的焰心重合→放大"烛光"元件，使之覆盖这个舞台。

8. 设置音乐

单击时间轴上的第一帧→在帧的属性面板里，选择声音"烛光里的妈妈"→在"同步"选项下选择"开始"和"重复"。

【操作研究】

1. 元件的制作

制作复杂的元件，可以先从思想上把它分解成若干个小的元件，一个部分、一个部分地增加，使之逐渐完善。比如制作"蜡水流淌的蜡烛"元件，就是先制作出蜡烛，在此基础上添加火焰，再添加流淌的蜡水。

2. 填充变形工具

填充变形工具位于工具栏的右上角。作用是改变放射性填充图形中间颜色的大小、形状和角度。用这个工具选择像素级的图形，图形上会出现一个圆圈，圆圈上有三个控制点，一个是负责中心填充颜色形状的，拖动它可以使填充色变成扁瘦的椭圆或者丰满的椭圆。一个是负责填充色大小的，拖动它，可以使图形中间颜色的范围扩大和缩小。一个是负责填充色的角度的，拖动它，可以使扁形的填充色改变角度。

3. 图形元件

单击图形元件，可以打开它的属性面板。如图 7.11 所示。

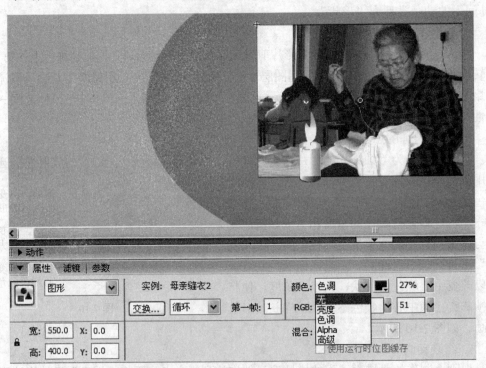

图 7.11

属性面板的"颜色"有五个选项：无、亮度、色调、Alpha 和高级。高级是亮度、色调和 Alpha 的综合。无，即不调整颜色。亮度，指图形的明亮程度。它可以把一幅自然风光照片调整成夜景，也可以把它调整成中午的景色。色调，即图形的颜色基调，分暖色调和冷色调两种。我们常用它来表现照片所反映的主题。喜庆的主题用暖色调，悲伤的主题用冷色调。Alpha，即透明度。常用来制作玻璃、光线，隔着玻璃看到的物体和逆光看到的物体。

注意，从外部导入的图形、图片、照片，在 Flash 8.0 里全部被转化成了位图，是不能够进行颜色加工的。要想加工它的颜色，必须把它转换成 Flash 8.0 认可的"图形"元件。我们在制作《慈母手中线》这个课件的时候，从外部导入的老妈妈缝衣服的照片不是图形元件，不能调色。后来，我们把它转化成图形元件，才能够调整它的色调。

【读者演练】

（1）制作孙悟空巧借芭蕉扇的动画。主要制作孙悟空变成牛魔王的动画。

制作提示：把孙悟空放到起始帧的舞台上，牛魔王放到终止帧的舞台上，分别分离他们，抠去背景，用"形状"动画类型"补间"即可。

（2）制作狐狸精变成美女的动画。

（3）制作牡丹花变成花仙子的动画。

（4）制作谜语"千条线万条线，落到水里都不见"的动画。

第八章　遮罩动画

在生活和工作中，你可能见到过这样的现象：夜间，有人拿手电照射，在漆黑的夜晚有一片光在移动。当你用望远镜瞭望的时候，看到的也是一团亮景，周围一片黑暗。还有，舞厅的彩球灯射向地面的许多亮点在移动；舞台上射灯追随着主要演员。怎样使用 Flash 来模拟这些场景呢？这一章就来解决这些问题。

第一节　看看谁是妖精

【学习指导】

正确理解遮罩、遮罩层、遮罩动画的概念。弄清楚遮罩动画与移动动画的关系，会制作遮罩动画。

妖魔鬼怪是童话故事、神话故事里出现得比较多的反面人物，是丑恶的化身。幼儿教育教学，有时候也会以妖魔鬼怪为反面人物的代表，教育小朋友识别真善美，树立爱与恨的观点。学习制作《看看谁是妖精》这个动画，有助于提高读者的幼儿教育能力。

扫一扫

看看谁是妖精

任务：公园里有许多人，有一个妖精混入人群之中。我们的任务是制作一个照妖镜，把这个妖精找出来。

任务分析：构成这个动画的元素有公园的镜头、妖精、使妖精呈现出来的照妖镜。我们用放大镜代替照妖镜。公园的场景是背景图，应该放在最底层；照妖镜要去照妖精，要在妖精的上层；因此妖精应该夹在公园场景和照妖镜之间。当然，照妖镜不是一下子就可以照出来的，要有一个寻找的过程。可以把照妖镜的寻找过程制作成引导层动画。

素材位置：我的电脑\E 盘\Flash 制作课件\图片（音乐）。

操作方法：

1. 预备动画：制作一个红色的椭圆在公园上空移动

制作背景图：导入素材，在图层 1 插入"公园图片"，设置成和舞台一样大小，且和舞台重合→把第 120 帧转换为关键帧。

制作椭圆直线动画：锁定图层 1，插入图层 2→在图层 2 画一个黑色边线和一个用红色填充的椭圆，使它在 1～120 帧之间做直线运动。从舞台的右上角移动到小女孩身上。

测试影片：选择菜单栏"控制"菜单下的"测试影片"。看到一个红色填充、黑边的椭圆在公园上空做直线运动。公园和椭圆都是可见的。

2. 设置遮罩层

设置遮罩层：右键单击图层 2→选择"遮罩层"（注意观察时间轴和舞台上的变化）会发现，红色的椭圆不见了，公园也只能够看到一少部分。原来被椭圆遮挡的看不见的部分，现在看到了；原来椭圆没有遮挡能够看到的，现在看不到了。显示的是图层 1 上的内容，而且是两个图层中图形的重叠部分。因为是椭圆遮挡的部分可以看到，没有遮挡的部分看不到，所以，把椭圆所在的图层叫作遮罩层，椭圆叫作遮罩。

测试影片发现：一个移动的椭圆内，景色不断变换。像这样由遮罩层对象运动产生的动画，叫作遮罩动画。看上去像是用望远镜看景色，又像是用放大镜看图片。

在时间轴的左端，图层 1 和图层 2 的图标都是黄色的文件，现在遮罩层成为一个网状椭圆，被遮罩层成为一个网状文件，而且被遮罩层向后退一格。在 Flash 8.0 里，用图标的位置来表述两个图层之间的隶属关系，图标靠左的统领靠右的，右边的隶属于左边的。图标的变化，说明遮罩层和被遮罩层是相互依赖、相互依存的一对事物。二者联合起来，才能发挥作用。

另外，还要注意遮罩层和被遮罩层的位置关系。二者紧挨着，遮罩层在上，被遮罩层在下。

3. 添加妖精

要把小女孩变成妖精，那么就要让小女孩离开遮罩层，让妖精紧挨着遮罩层。因此，需要在图层 1 和图层 2 之间插入一个图层 3，把妖精放到图层 3 中小女孩的位置。

锁定图层 1 和图层 2→单击图层 1→单击"时间轴"左下角的"插入图层"按钮，得到图层 3→把动画"妖精"拖放到舞台上，再移动到小女孩的身上。

测试影片时发现小女孩不见了。怎样才能够使小女孩和公园的景象重现呢？

4. 重现公园景象

选择遮罩层，单击右键，在弹出的快捷菜单中选择"遮罩层"（取消遮罩）→选择图层 2，单击右键，在弹出的快捷菜单中选择"遮罩层"（重新设置遮罩层）。

测试影片发现，移动的椭圆不见了，最后妖精出现了并取代了小女孩。为什么会是这样呢？

Flash 8.0 默认的被遮罩层只有一层，即紧挨着遮罩层下面的那一层。重新设置图层 2 为遮罩层，紧挨着它下面的图层 3 是被遮罩层。图层 3 里仅放置一个"妖精"动画，占用的面积和小女孩差不多，大部分空间没有内容。遮罩层里的椭圆在移动的过程中，大部分地方与图层 3 没有重叠的内容，只有移动到"妖精"动画身上的时候才有重叠。所以，播放动画的时候，前一段时间看不到椭圆，只有在最后才能够看到妖精。

5. 添加照妖镜

照妖镜是显性的，应该和遮罩层的椭圆一样大，而且同步运行。如果照妖镜和遮罩层的椭圆一样看不到，那么制作它毫无意义。如果照妖镜比遮罩层的椭圆小，那么可能会出现妖精超出照妖镜范围的情况。如果照妖镜与遮罩层的椭圆不同步，那么会出现照妖镜还没有罩住妖精，妖精就现身了，或者照妖镜罩住了妖精的位置，妖精还不现身的情况。

在遮罩层上插入图层 4→把遮罩层的动画复制到图层 4（注意图层 4 图标的变化）→

选择图层 4，单击鼠标右键，在弹出的快捷菜单中选择"遮罩层"（取消图层 4 的遮罩）→单击图层 4 的第一帧→选择菜单栏"修改"下拉菜单中的"分离"→选择工具栏实箭头，在椭圆外单击，取消对椭圆的选中→单击椭圆内部→用"颜料桶"工具重新填充椭圆内部，使它成放射性填充→使用混色器把椭圆内部修改成外蓝内白，并把椭圆内部的 Alpha 值调整为 30%→用实箭头选择椭圆圈，把它的粗度提高到 5 个像素→使用"长方形"工具画出放大镜的柄→把放大镜组合起来→把第 119 帧转换为关键帧，再把第 119 帧拖放到第 120 帧上，替换掉第 120 帧→删除后面多余的帧。

测试影片发现，妖精呈现的时间很短，怎样延长妖精呈现的时间呢？

6. 延长妖精呈现的时间

把各图层的第 150 帧转换为关键帧。

一般说来，当人们发现妖精的时候，其他人会惊呼。我们可以在出现妖精的同时插入人们的惊呼声，以营造紧张的气氛。

7. 插入声音

在图层 4 上插入图层 5→把第 110 帧转换为空白关键帧→在这帧插入"美女的尖叫声"→把第 130 帧转换为空白关键帧，插入"女人被吓瘫痪的声音"。

8. 修改照妖镜的移动路径

测试影片时看到，照妖镜是走直线来到小女孩身上的，似乎事先就知道她是妖精。为了模仿得更真切些，我们可以修改照妖镜的路径，让它在人群上照几回，再照到小女孩身上。

把图层 4 的第 30 帧转换为关键帧，把照妖镜移动到人群上→把第 7 帧转换为关键帧，把照妖镜移动到另外一群人的身上。

【操作研究】

1. 遮罩与遮罩层

在图层上右击，选择"遮罩层"，这个图层就变成了遮罩层。遮罩层里的图形对象，叫作遮罩。遮罩不仅可以是椭圆，也可以是长方形、五角星等图形。遮罩层下面，比遮罩层图标低一级的图标所标注的图层都是被遮罩层。在设置遮罩层的时候，计算机默认它下面的第一个图层为被遮罩层。

设置遮罩层的方法很简单：选择图层，单击鼠标右键，在弹出的快捷菜单中选择"遮罩层"。

一旦设置了遮罩层，计算机默认它下面的第一个图层为被遮罩层，显示被遮罩层中与遮罩重叠的部分，其他部分不显示。允许在被遮罩层和遮罩层之间插入新的被遮罩层。

2. 遮罩动画的定义

由于显示的是被遮罩层中与遮罩重合的部分，因此，遮罩的移动必然改变显示的内容，产生后面移动的效果。这种由遮罩移动所产生的动画叫作遮罩动画。比如，把椭圆所在图层设置为遮罩层，椭圆的移动，使我们有选择地、移动地看到了它下面图层的部分景象。这样的动画，就是一个遮罩动画。

3. 遮罩动画的制作

遮罩动画是在直线动画的基础上改进而成的，是直线动画的反动画。制作过程分两步：第一步，先制作一个直线动画；第二步，把直线动画图层设置为"遮罩层"。

【读者演练】

制作望远镜观察地形的动画效果。

第二节　洋娃娃和小熊跳舞

【学习指导】

进一步了解遮罩动画，掌握遮罩动画的制作技巧，能够比较熟练地制作遮罩动画。

在《看看谁是妖精》这一节，遮罩动画中的遮罩只有一个，显示的是被遮罩层中的一个部分。在实际生活中，会遇到需要显示场景中的几个部分的情况。比如，几个人同时拿着手电筒在夜色中寻找，要同时显示夜景中的多个部分；用两个筒的望远镜看远处的景物，要同时显示远景中的两个部分；还有，舞厅里的球形灯，同时向室内的墙壁、地板、天花板上射出多个斑点。使用遮罩动画能不能模拟这些场景呢？回答是肯定的。这一节，我们将通过一个小动画的制作，来解决这个问题。

洋娃娃和小熊跳舞

歌词：

洋娃娃和小熊跳舞

跳呀跳呀一二一

他们在跳圆圈舞呀

跳呀跳呀一二一

小熊小熊点点头呀

点点头呀一二一

小洋娃娃笑起来啦

笑呀笑呀哈哈哈

……

任务：为儿歌《洋娃娃和小熊跳舞》制作一段背景动画，以备教学使用。

任务分析：我们假定洋娃娃和小熊是在自己的家里举办舞会。参加舞会的有洋娃娃、小熊和其他小动物，会场上有彩色的球形灯，球形灯的旋转使得舞场流光溢彩。

因此，我们可以用一幅室内的图片作为背景图。洋娃娃和各种小动物在背景图上面的图层里，球形灯旋转产生的光斑位于绘制动物的图层上面的图层。球形灯旋转产生的移动光斑，可以用遮罩动画表现。

素材位置：我的电脑\E 盘\Flash 制作课件\图片（音乐）。

【操作程序】

1. 把素材导入到库中

2. 设置背景图

把室内照片拖放到舞台上，设置成和舞台一样大小并与舞台完全重合。

3. 制作球形灯照射效果

新建名为"球形灯照射"的影片剪辑元件→在图层 1 第一帧插入一张自然风光图片→把第 10 帧转换为关键帧→锁定图层 1，插入图层 2→在图层 2 使用"椭圆"工具和辅助工具栏的"变形"选项卡，做一个由圆做成的放射性图形，并把它们组合到一起。如图 8.1 所示。

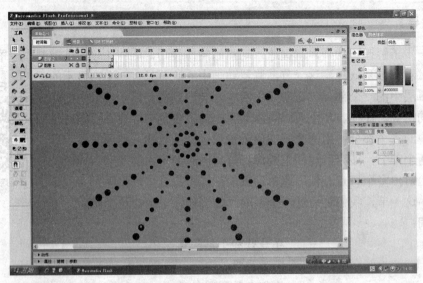

图 8.1

把图层 2 的第 10 帧转换为关键帧→创建补间动画→在属性面板里设置旋转的周数为 12→把图层 2 设为"遮罩层"。

4. 组装动画

把动画的洋娃娃、小熊和其他小动物拖放到舞台上→把儿歌《洋娃娃和小熊跳舞》拖放到舞台上→把刚才制作的影片剪辑元件"球形灯照射"拖放到舞台上。

【读者演练】

制作一段夜间探照灯照射的动画，练习"多边形"工具的使用。

第三节　红星闪闪

【学习指导】

　　进一步了解遮罩动画的一些制作技巧。利用遮罩动画制作技术，能够制作出许多精美的动画，产生出乎意料的好效果。放射的光芒是我们经常看到的，如闪烁的星光、照耀的灯光、月光、日光，光芒四射的毛泽东思想、党旗、国旗、军徽、国徽、英雄人物等。这一节，我们通过制作一个遮罩动画来介绍光芒的制作方法。

扫一扫

红星闪闪

　　任务：制作一个光芒四射的五角星。

　　任务分析：制作这个动画，至少需要两个元素，五角星和四射的光芒。五角星可以用多边形工具制作，放射的光芒可以用遮罩动画技术表现。五角星是静态的，光芒是动态的。可以先制作出这两个元件，再把它们组装起来。

【操作程序】

　　1. 制作图形元件"五角星"

　　新建一个名为"五角星"的图形元件→单击"矩形"工具不放，在弹出的下拉列表中选择"多边形"工具→"笔触颜色"选为黑色→取消填充色→在属性面板里选择"线形"为极细→在舞台上拖放出一个五边形。如图 8.2 所示。连接各对角线，得到如图 8.3 所示的图形。

图 8.2

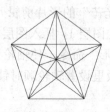

图 8.3

　　用实箭头选择多余的线段，按键盘上的 Del 键，删除后得到如图 8.4 所示的图形。用颜料桶工具填充大红色和浅红色。得到如图 8.5 所示的图形。

图 8.4

图 8.5

2. 制作图形元件"轴轮"

创建一个名称为"轴轮"的图形元件→画一条高 10 个像素、长 100 个像素的长方形→用实箭头选择线段→把旋转中心移动到线的外部，到左端的距离约占线长的 1/10。如图 8.6 所示。

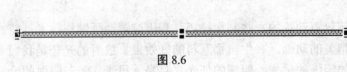

图 8.6

使用"窗口"菜单下的"变形"命令，以 30°的角度旋转生成一个轴轮。如图 8.7 所示。

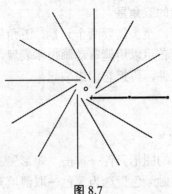

图 8.7

3. 制作光芒

新建一个名为"光芒"的影片剪辑元件→把"轴轮"元件拖放到舞台上→把第 40 帧转换为关键帧→锁定图层 1，插入图层 2→在图层 2 里，放入一个"轴轮"元件→使用"修改"菜单下的"变形"命令，使轴轮元件水平翻转→把第 40 帧转化为关键帧→创建补间动画→在属性面板里设置轴轮顺时针旋转 2 周→把图层 2 设置为"遮罩层"。

4. 组装动画

切换到场景→把"光芒"元件拖放到舞台中央→再把五角星元件拖动到舞台中央。测试影片，可以看到五角星光芒四射。如果觉得光芒不够强烈，可以往舞台上多放几个"光芒"元件。但要注意调整它们的大小，使它们的大小各不相同。

【操作研究】

1. 两个轴轮反向组合能够产生光芒四射的动画

这两个轴轮，一个在遮罩层，另一个在被遮罩层，显示的是它们重叠的部分。两个长方形斜交，重叠的部分是菱形。因为遮罩层的轴轮是反向旋转，与被遮罩层的轴轮斜交部分逐渐向外移动，而且交叉的菱形越来越长。因此，我们看到的菱形由内向外快速移动，而且越来越长。

2. 制作光芒的技巧

轴轮上的长方形不能是中心放射状，而是某个圆的切线。如果轴轮上的长方形是中心放射的，那么两个轴轮上的长方形要么没有重叠要么重合成一条线，不会出现移动的菱形。当轴轮上的长方形是每个圆的切线时，两个轴轮才可能出现菱形交叉。

另外，光芒的方向与轴轮旋转的方向有关，顺时针转动与逆时针转动各获得一个发光方向。如果顺时针时光芒是向内射的，那么逆时针时光芒就一定是向外射的。反之也一样。可以通过实验，获得光芒的放射方向，调整可获得理想的发光方向。

发光点的快慢与转速有关，但并不是单位时间内轴轮转动的圈数越多，光点就跑得越快。这个要通过测试影片，多次调整，才能够得到合适的光速。

如果觉得光点少，那么可以多放置一些光芒元件。但是，各个光芒元件的大小不能相同。

3. 对遮罩和被遮罩层的要求

可以用来制作遮罩的对象必须要有填充图形和文字，没有填充的图形不能够作为遮罩使用。比如说，长方形面板、汉字和英文字母都可以做遮罩。而长方形线圈、直线、任意曲线则不能够作为遮罩的元素。所有的图形和文字都可以作为被遮罩层中的内容。

【读者演练】

1. 制作龙卷风动画

提示：用一摞自下而上、由小到大的椭圆组成的图形做被遮罩层。用一簇放射性椭圆做成的旋转动画为遮罩层。如图 8.8 所示。

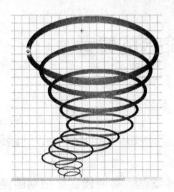

图 8.8

第九章　课件的控制

我们知道，课件是服务于教学的软件。教学是分步进行的，任何一个教师都不可能一口气把教学内容说完，总是自己讲一讲，学生答一答、练一练，一个教学环节、一个教学环节地向前推进。大多数课件是根据教学环节制作的，一个教学环节用一段动画表示，讲到哪个教学环节，就播放哪段动画。这样，教师在教学的过程中，会不断地操作课件，或者让课件停留在某一段动画上，或者跳转到下一段动画。因而，课件必须得有停止和前进的功能。为了防止教学出错，有的课件制作者还会给课件添加返回的功能。要实现课件的前进、返回和停止，就必须有一个东西来控制。就像家里的电灯一样，有亮和熄灭两个状态，控制电灯这两种状态的东西是开关。控制课件前进、返回、停止的东西叫作按钮。

课件有简单的，有复杂的。总的来说，幼儿园的课程内容比较少，课件也比较简单，中小学的课程内容比幼儿园的多，课件就比较复杂。幼儿园有些课，没有太多的内容，有一段背景动画就可以了；少数课需要制作多段动画。我们前面讲的是制作一段动画的方法，这一章，主要介绍包含有多段内容的课件制作方法，重点介绍课件的控制。

第一节　服从命令的舞者

【学习指导】

了解使用按钮控制课件的方法，能够使用公用按钮库中的按钮，设计跳转到某一帧，并停止在那一帧的控制。

任务：教学傣族舞，有时候需要给学生播放动画，有时候需要把动画停下来，让学生听教师讲授。制作一个教学傣族舞的小课件，并能够控制动画的停止和播放。

任务分析：动画停止就是一个静态的图片。看来，这个课件至少需要两个元素：一幅傣族舞的图片和一段傣族舞的动画。我们可以把它们分别放在第一帧和第二帧，让这两帧都处于停止状态。因为播放是按照帧的排列顺序进行的，所以首先播放第一帧。因为第一帧是停止前进状态，所以，播放课件我们只能够看到一幅跳傣族舞的图片。我们可以添加一个按钮，链接第二帧，单击它跳转到第二帧。因为第二帧是动画而且是停止前进状态，所以跳转到第二帧后，会看到跳傣族舞的动画。如果想停止动画，那就要跳转到第一帧。我们可以再添加一个按钮，与第一帧链接，单击它跳转到第一帧，出现静止的画面。

素材位置：我的电脑\E 盘\Flash 制作课件\图片（音乐）。

操作方法：

1. 把素材导入到库

2. 在第一帧插入傣族舞图片，让它和舞台一样大

把库中的图片"舞蹈4"拖放到舞台上→查看属性，记下宽和高（此图宽：330，高：264）→单击舞台上的空白处→在属性面板里，把舞台的宽设置为 330，高设置为264→选中图片，在属性面板里，把坐标设置为 x: 0，y: 0→在时间轴的右上角选择"显示帧"。

3. 在第二帧插入傣族舞动画

把第二帧转换为空白关键帧→把库中的"舞蹈 4"这幅 gif 动画拖放到舞台上→在属性面板里设置坐标为 x: 0，y: 0。

4. 设置第一帧在播放时停止前进

单击第一帧→单击舞台左下角的"动作"二字，展开动作面板。如图 9.1 所示。双击"全局函数"下"时间轴控制"下的"stop"（注意观察屏幕上的变化）→单击"动作"二字。

图 9.1

5. 设置第二帧在播放时停止前进

同第一帧的设置方法一样，可以如法炮制。

6. 添加控制按钮

锁定图层 1，新建图层 2→单击图层 2 第一帧→在"窗口"菜单的下拉菜单中选择"公用库"→"按钮"（打开了"公用库"对话框）→双击 classic buttons（classic：教室、集合、空间；Button：按钮；Buttons：一些按钮）→双击 ovals（石子）→把其中的蓝色石子和绿色石子拖放到舞台的左上角。如图 9.2 所示。

测试影片，单击按钮并不出现跳傣族舞的动画。这是因为还没有把按钮和存放动画的第二帧链接起来。

图 9.2

7. 设置动作：单击蓝色按钮姑娘们开始跳舞

单击蓝色按钮→单击"动作"二字，展开动作面板→双击"全局函数"下"影片剪辑控制"下的"on"→双击"prees"。如图 9.3 所示。

单击 prees 后面的大括号，把光标调至大括号内→双击"全局函数"下的"时间轴控制"下的"gotoAndStop"→在 gotoAndStop 后面的小括号内输入 2。

这时，在动作面板的右边出现一段英文：on (press) {gotoAndStop(2)}; 其中：

on：在……之上。这里表示鼠标指针在蓝色小石子按钮之上。

Press：向下。这里是按下鼠标左键的意思。

Goto：去到什么地方。这里指去到时间轴上某个帧。

And：和。这里当"并且"解释。

图 9.3

Stop：停止。这里的意思是停止前进，即停留在某一帧。

on (press) {gotoAndStop(2)}; 的意思是，当鼠标指针放在蓝色按钮上并且按下鼠标左键的瞬间，立刻跳转到第 2 帧，并停止在这一帧。

播放课件：当我们按下蓝色按钮的时候，课件便跳转到了第二帧，而且停留在第二帧不前进了，因为第二帧放置的是傣族舞的动画。所以，我们看到的是姑娘们跳傣族舞的动画。

测试影片：有一群傣族姑娘做着预备跳舞的姿势，单击蓝色按钮，傣族姑娘开始跳舞。然而，不论怎样单击按钮，姑娘们都不会停止舞蹈。这是为什么呢？这是因为我们没有给按钮加载跳转的命令。

8. 设置动作：单击绿色按钮姑娘们停止跳舞

单击绿色按钮→单击"动作"二字→双击"全局函数"下"影片剪辑控制"下的"on"→双击"release"→单击 release 后面的大括号，把光标调至大括号内→双击"全局函数"下"时间轴控制"下的"gotoAndStop"→在 gotoAndStop 后面的小括号内输入"1"。

Release：抬起。这里是抬起鼠标左键的意思。

on (release) {gotoAndStop(1)}; 的意思是，鼠标指针在绿色按钮上按下，当抬起鼠标左键的时候，课件跳转到第一帧，并且停止在这一帧，不再前进。在播放课件的时候，当我们单击绿色按钮，抬起鼠标左键的时候，计算机自动执行这一命令，跳转到第一帧，展示傣族姑娘准备跳舞的静态图片。

【操作研究】

1. 课件的控制

课件的控制就是让课件在某个时刻跳转到要播放的内容上，在某个时间段播放需要展示的内容。

课件的控制是在时间轴上进行的。播放课件，实际上是把时间轴上帧中的内容按照帧的序列号依次展示出来，每一帧的展现时间大约是 1/20 秒。教师教学中需要展示的内容都放在时间轴的帧里面。所以，控制住了时间轴，就控制住了课件。比如，《服从命令的舞者》这个课件用到两个对象，一个是静止的傣族舞图片，一个是傣族舞动画，它们分别放在时间轴的第一帧和第二帧。我们用两个按钮分别与这些帧链接起来，若要播放舞蹈的预备姿势，就让计算机播放第一帧；若想让学生看舞蹈，就让计算机播放第二帧。这样就实现了课件的控制。

2. 控制课件的方法

常用的控制课件的方法有三种：

方法一：按钮控制。

按钮控制，指的是通过对按钮的操作控制课件的方法。《服从命令的舞者》有两个按钮，稍微复杂的课件会有多个按钮，通过对按钮的操作可以跳转到需要播放的内容。

方法二：键盘控制。

键盘控制，指的是通过按键盘上的某些键控制课件的方法。

Flash 8.0 的创作者把键盘上的"回车"键（Enter）的功能设定为播放，组合键"Ctrl+Alt+R"的功能是后退。按"回车"键，可以到下一个设置了停止的关键帧。比如，播放《服从命令的舞者》的第一帧的时候，按"回车"键，就跳转到了第二帧，由静态的舞蹈图片变成一群傣族姑娘跳舞的场景。再按"回车"键，课件会回到第一帧，从头开始。如果时间轴上存放教学内容的顺序和讲课的顺序一致的话，可以不设置按钮，在播放课件的时候，通过敲击"回车"键跳转到下一个教学环节。如果觉得跳转过快了，可以使用组合键"Ctrl+Alt+R"后退。但是，如果课件中有些内容需要反复使用多次，一般是不使用键盘控制的，而是使用按钮控制，这样跳转会方便些。

方法三：菜单控制。

菜单控制就是使用窗口上的菜单控制课件播放的方法。播放课件的时候，播放窗口上方菜单栏中有一个"控制"项，它的下拉菜单中有"播放""后退""循环""下一帧""上一帧"等命令，单击这些命令可以实现相应的跳转，以此来达到控制课件播放的目的。

3. 按钮的来源

按钮的来源有两个，一个是从公用库中调取按钮，另一个是自制按钮。这一课的两个按钮都是从公用库中调取的，以后，还会讲到自制按钮。

Flash 8.0 的公用库在"窗口"菜单下。单击"窗口"菜单下"公用库"下的"按钮"命令，可以打开公用按钮对话框。公用按钮对话框分上下两个部分，上边是按钮的预览区域，在这里可以演示按钮单击时的效果；下边是按钮存放的地方，这里分门别类地存放着各种各样的按钮，双击文件夹可以打开。用拖放的办法，可以把库中的按钮复制到舞台上任何一个地方。其中，classic buttons 中的按钮最多，而且样式丰富多彩。

图 9.4

4. 按钮与帧的链接设置

我们知道，如果开关不与电灯链接，那么开关就不能控制电灯。按钮就像电灯的开关一样，如果按钮不与关键帧链接，那么按钮就控制不住帧。链接按钮与帧之间的方法是为按钮编写指令。即给按钮编写让按钮如何工作的指令。指令的大部分是由英文字母组成的，写在"动作面板"的左边。动作面板分左右两个部分。如图9.4 所示。左边的部分叫作左区，是存放各种指令的地方，英文水平不高的人，可以在这里选择自己需要的指令；右边的区域叫作右区，是编写指令的地方，可以针对按钮编写指令，也可以针对帧编写指令。计算机默认写出的指令是针对选中的对象的。所以，在编写指令前，必须先选择承载指令的对象，然后才能动手写指令。比如，想让课件在播放的时候停留在第一帧，就要先单击第一帧，然后，才打开动作面板，选择左区的指令 stop，把它写进右区。再比如，我们想在播放课件的时候单击蓝色按钮跳转到第二帧，也要先单击这个按钮，然后，打开动作面板，选择有关的指令，在右区写出"on (press) {gotoAnd Stop(2)};"这条指令。

记住，撰写指令要分两步进行：第一步：选择承载指令的对象；第二步：打开动作面板编写指令。

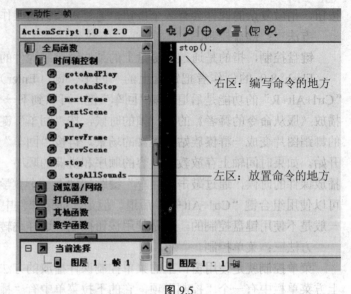

图 9.5

当然，如果你的英语很棒，而且非常熟悉 Flash 8.0 的指令，可以不使用左区，直接把指令写进右区。

5. 设置课件控制的步骤

第一步：在关键帧上加载"停止"播放的指令"stop"。

第二步：在最上层创建新的图层，用来放置按钮。

第三步：在按钮层创建按钮，可以从"公用按钮"对话框中拖放，也可以自己制作。

第四步：编写代码，建立按钮与帧之间的链接。

【读者演练】

制作一个有三个帧的课件，每一帧都设置"停止"播放，用三个公用按钮分别与之相链接。单击第一个按钮跳转到第一帧，并停止在第一帧，单击第二个按钮跳转到第二帧，并停留在第二帧；单击第三个按钮，跳转到第三帧，并停留在第三帧。

第二节　妈妈我要自己起床

【学习指导】

（1）学会给按钮命名。

（2）理解"时间轴控制"下命令的含义，会使用这些命令。

（3）了解按钮加载命令的格式，能够正确地给按钮加载命令代码。

在《服从命令的舞者》一节，我们学习了有两个帧的课件的控制方法。在教学实践中，有些课件超过两个帧，有的课件停止的帧就有几十个，有的还是多场景的。对于这些比较复杂的课件，怎样设计制作它们的控制呢？在这一节，我们想借助于一个实例来回答这个问题。

任务：为教育幼儿怎样起床制作一个课件。

任务分析：起床，包括使用闹钟、穿衣服、刷牙、洗脸。可以分别设置场景，场景1描述闹钟的使用，场景2描述怎样穿衣服，场景3描述怎样刷牙，场景4描述怎样洗脸。闹钟的使用，用两个动画诠释，一个是闹钟响起的动画，另一个是小朋友使闹钟停止响的动画。穿衣服的场景包括起身、穿上衣、穿裤子、穿袜子、穿鞋、戴帽子、叠被子几个动画。刷牙的场景包括取牙缸、牙刷、盛水、刷牙、整理牙具几个动画。洗脸的场景包含取脸盆、注入凉水和热水、洗脸、整理用具几个动画。要求一定要让学生能够看清楚每个操作过程。

幼儿的有意识记忆比较差，要想使他们记住每个步骤的操作方法，就得给他们记忆的时间。因此，要在每个动画所在的帧设置停止，设置按钮还要能够切换到任意一个动画。为了达到这个课件制作的目标，我们可以这样设置课件的控制按钮：每个场景各有两个按钮，一个用来跳转到下一场，一个用来跳转到上一场。这保证了各个场景之间的切换畅通无阻。每个场景，根据动画的个数设置帧数，每一帧放置一个动画。有几个动画，就插入几个按钮，每个按钮链接一个动画帧。这样，我们就可以随意在各个动画之间切换。

操作方法：

1. 创建三个场景

选择菜单栏"插入"项下拉菜单中的"场景"用来创建场景，再重复两次，可得到三个场景。

2. 导入素材

把搜集到的幼儿起床、穿衣服、洗刷的图片先导入到库中。

3. 制作场景1

场景1的教学内容是闹钟的使用。设置两个小石子按钮，单击第一个跳转到第一帧，并停止在这一帧；单击第二个小石子跳转到第二帧，并停留在这一帧。设置两个帽子形状的按钮，单击它们分别跳转到下一场和上一场。

（1）插入动画：切换到图层1（单击时间轴右上角编辑场景按钮，选择场数）→在图层1的第一帧，插入闹钟响起的动画→在第二帧插入小朋友使闹钟停止响的动画。

（2）设置帧停止：单击第一帧→打开"动作"面板→双击"stop"；单击第二帧→打开"动作"面板→双击"stop"。

（3）添加控制动画的按钮：锁定图层1，插入图层2→从公用按钮库中调出两个小石子按钮→双击第一个小石子，进入按钮编辑状态→插入图层→在新图层里输入文字"第一帧"→切换到场景1→单击第一个小石子→在动作面板里双击"on"→双击"release"（意思是"鼠标左键抬起"）→单击release后面的大括号→双击"gotoAndStop"→在gotoAndStop后面的小括号里输入"1"。

双击第二个小石子，进入按钮编辑状态→在按钮的最上层插入新的图层→在这个图层里输入文字"第二帧"→切换到场景1→单击第二个小石子→在动作面板里双击on→双击release（意思是"鼠标左键抬起"）→单击release后面的大括号→双击gotoAndStop→

在 gotoAndStop 后面的小括号里输入 2。

（4）添加控制场景的按钮。在图层 2 插入一个蓝帽子按钮和一个红帽子按钮，"鼠标进入"蓝帽子按钮跳转到下一个场景，"鼠标离开"红帽子跳转到上一个场景。

单击蓝帽子→打开"动作"面板→双击"影片剪辑控制"下的"on"→双击"rollOver"（鼠标进入时激发链接的意思）→把光标调到大括号内→选择"时间轴控制"下的"nextScene"（跳转到下一个场景）。

单击红帽子→打开"动作"面板→双击"影片剪辑控制"下的"on"→双击 rollOut（鼠标离开时激发链接的意思）→把光标调到大括号内→选择"时间轴控制"下的"prevScene"（跳转到上一个场景）。

4. 场景 2 的制作

场景 2 是教幼儿怎样穿衣服的。除了要有场景之间的两个切换按钮外，还要有链接几个动画的按钮。在第一帧放起身的动画，第二帧放穿上衣的动画，第三帧放穿裤子的动画，第四帧放穿袜子的动画，第五帧放穿鞋的动画，第六帧放戴帽子动画，第七帧放叠被子的动画。

切换到场景 2→在 1～7 帧中分别放上相应的动画→在时间轴上设置这 7 个帧全部为"停止"→锁定图层 1，新建图层 2→切换到场景 1，复制其中的四个按钮→切换到场景 2 的图层 2 的第一帧→选择菜单栏中"编辑"项下拉菜单中的"粘贴到当前位置"→再添加 5 个按钮分别链接 3～7 帧。

5. 制作场景 3、4

仿照复制场景 2 中按钮的办法，在场景 3 和场景 4 里粘贴出按钮。

【操作研究】

1. 按钮的复制

按钮的作用是引导课件跳转的。因此，在课件中添加按钮，必然要在按钮上添加链接。我们看到的按钮，不仅是一个物的形象，还包含加载在它身上的链接，即它所要执行的命令。所以，复制按钮，复制的不仅仅是看到的那个按钮的形象，而且还有按钮要执行的命令代码。比如说，在场景 1 第二个小石子按钮要执行的命令代码是 on (release) {gotoAndStop(2)};。如果我们把这个按钮粘贴到场景 2 里面，那么场景 2 里的这个小石子按钮仍旧要执行这一命令。播放的时候，单击它，课件会跳转到第二帧。虽然，两个场景里按钮的代码一样，但是使用的环境不一样，一个在场景 1 里面，一个在场景 2 里面。

复制按钮可以带走附加在按钮上的链接，这时我们可以把一个场景里的按钮复制粘贴到另外一些场景里，减少一些编写代码的过程，提高制作课件的速度，避免一些因编写代码而引发的错误，提高制作的质量。

2. 按钮的添加问题

制作按钮的目的是想通过按钮命令计算机为我们做一些事情。可见按钮只不过是计算机指令的化身。在同一个场景里，一个按钮只能够执行一套命令。如果我们给一个按钮加载两条不同的命令，既让它命令计算机向东走，还让它命令计算机向西走。那么按钮就不知道应该执行哪一条指令了。所以，在一个场景里，不同的命令要用不同的按钮来承担。反过来，不同的按钮，要加载不同的命令。

有些初学 Flash 的人，觉得某个按钮好看，一设计链接，就想使用这个按钮，同一场景里出现了好几个相同的按钮。结果，计算机总是提示代码出现错误。

一种按钮在一个场景里只允许使用一次。但是，在其他的场景里仍旧可以使用。

3. "时间轴控制"命令

打开"动作"面板的"全局函数"下的"时间轴控制"，可以看到如图 9.6 所示的命令：

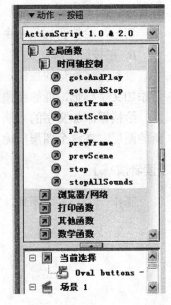

Gotoandplay：跳转到某一帧并播放。按钮执行这条命令，会跳转到指定的帧，单击会跳到下一帧，再单击又会回到这一帧。

Gotoandstop：跳转到某一帧并停止。执行这条命令，会跳转到指定的帧，并停止在这一帧。

Nextframe：转到下一帧。按钮加载这一命令后，单击按钮，课件会转入下一帧。下一帧未必是关键帧。

Nextscene：转到下一场景。按钮加载这一命令后，启动按钮，课件会跳转到下一场景的第一帧。

Play：播放。按钮加载这一命令后，启动按钮，如果课件是多场景的话，课件会跳转到下一场景。如果课件是一个场景的话，会播放到下一个停止的关键帧。

Prevframe：转到上一帧。

Prevscene：转到上一场景。

图 9.6

Stop：停止。这一命令通常加载于帧上。帧加载了这一命令，在时间轴上该帧会带上一个字母"a"，播放课件的时候，到了这一帧，就不前进了。

Stopallsounds：停止播放所有声音。按钮上加载了这一命令，启动按钮，课件的一切声音全部停止。

4. 鼠标操作方式命令

在动作面板上双击 on 后，会出现一个供选择的下拉列表，如图 9.7 所示。

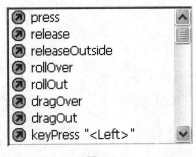

包含有几十条命令。这些命令都是操作的方式，其中最常用的是：

Press：按下鼠标左键。即按下鼠标左键时，开始激发链接。

release：抬起鼠标左键。即抬起鼠标左键时，开始激发链接。

图 9.7

rollOver：鼠标指针进入按钮的热区域。即鼠标进入按钮热区时，开始激发链接。

rollOut：鼠标指针离开按钮的热区域。即鼠标离开按钮热区时，开始激发链接。

5. 加载于按钮的命令格式

加载于按钮的命令格式：鼠标以什么方式与按钮接触就要让计算机做什么。因为双击"on"时弹出的下拉列表中有鼠标与按钮接触的方式，所以，给按钮加载命令，要先双击"影片剪辑控制"下的"on"。有些初学者，学习了"时间轴控制"命令，误认为这些命令就是指使计算机工作的命令。在给按钮加载命令的时候，不双击"on"，直接双击"时间轴控制"中的命令。结果，在播放课件的时候，不论怎样单击按钮，计算机就是没有反应。

切记，给按钮加载命令一定要先双击"影片剪辑控制"中的"on"。

6. 在按钮上添加文字

没有文字标记的按钮，使用起来有些不方便，有时候甚至会错误地单击按钮。给按钮添加文字标记，能够给使用带来很大方便。

给按钮添加文字的方法：双击按钮，进入编辑按钮状态，在按钮的最上层添加一个新的图层，在这个图层里输入表明按钮用途的文字，再切换场景。

【读者演练】

制作一个有 3 个场景，10 个停止帧的课件。

第十章 代码

什么是代码？我们在第九章在设置按钮的链接时，选中按钮后，在动作面板里通过选择左区的命令，在右区编写了一串英文，命令计算机跳转到某个帧或者某个场景。右区的那一串英文，就是一段代码。代码，就是人编写的指使计算机工作的英文句子。也有人叫它计算机指令，或者命令。

Flash 8.0 的功能非常强大。工具栏里的工具和菜单栏里的命令，只是它的少部分功能，大部分功能在动作面板里，需要用代码来实现。因为绝大多数代码是用英文书写的，所以，使用代码制作动画和课件的人，需要有比较扎实的英语功底。英语水平不高的人，只能够编写一些简单的代码，制作一些小的动画或者课件。

这一章，我们围绕代码的编写，列举几个简单的例子，给想深入研究 Flash 8.0 的读者提供一块敲门砖。

第一节 数星星

【学习指导】

（1）掌握 duplicateMovieClip 命令的含义，应用的环境，弄清楚 random 的中文意思和 random(300)的意义。

（2）理解并记住下面的代码：

```
for (i=1; i<10; i++) {
duplicateMovieClip("xx", "xx"+i, i);
_root["xx"+i]._x = random(300);
_root["xx"+i]._y = random(200);
_root["xx"+i]._alpha = random(100);}
```

（3）能够模仿制作一个类似的动画。

教育部印发的《幼儿园教育指导纲要（试行）》中"科学"教育目标规定：幼儿园教育要使幼儿"能从生活和游戏中感受事物的数量关系并体验到数学的重要和有趣"。数学是幼儿园教育的一门重要课程，认数又是数学教学的主要内容。为达到这一培养目标，我们设计下面的课件。

任务：在大屏幕上展示 10 个以内的小星星。能够随时随机地变换小星星的数量。

任务分析："动作"面板中"影片剪辑控制"下命令"duplicateMovieClip()"的意思

是复制影片。我们可以做一个"星星"的影片剪辑元件，使用这个命令复制粘贴出 10 个以下的星星。设置一个停止的帧，把小星星的数量固定下来。设置一个播放按钮，重新复制粘贴小星星，得到不同数量的小星星。

操作方法：

方法一：

1. 做一个闪烁的五角星

新建一个名为"小星星"的影片剪辑元件→使用"多边形"工具画一个中心放射的红五角星→把第五帧转换为关键帧→做一个"形状动画"→使用"填充变形"工具修改第一帧和第五帧填充区域中间部分的大小。

2. 导入夜空图片

把搜集到的夜景图片，按照前边学习的方法，导入到库中。

3. 组装课件

把夜空图片和刚才制作的"小星星"影片剪辑元件拖放到图层 1 的第一帧。改变它们的大小使画面显得和谐。

4. 给小星星元件命名

选择"小星星"元件→在属性面板里，"实例名称"处写上××作为元件的实例名称。

5. 编写代码

（1）为图层 2 第一帧编写代码：

锁定图层 1，插入图层 2→单击图层 2 第一帧→打开帧的"动作"面板→在右区输入下列代码：

```
for (i=1; i<10; i++) {
duplicateMovieClip("xx", "xx"+i, i);
_root["xx"+i]._x = random(300);
_root["xx"+i]._y = random(200);
_root["xx"+i]._alpha = random(50);
}
```

测试影片发现，屏幕上有少于 10 的小星星在闪动，但是数量不变。怎样自动变换小星星的个数呢？

（2）为图层 2 第 21 帧编写代码。

把第 21 帧转为空白关键帧→单击第 21 帧→打开帧的"动作"面板→在右区输入"时间轴控制"命令：

gotoAndPlay(1)

测试影片发现，每隔一秒钟，天上小星星的数量就会变换一次。但是没有了大地的夜景。这是为什么呢？应该怎样处理？

6. 设置大地夜景

把图层 1 的第 21 帧转换为关键帧。

7. 设置停止帧

把图层 2 的第 20 帧转换为关键帧→单击这一帧→在"动作"面板的"时间轴控制"

里选择"stop"。

8. 添加播放按钮

锁定图层 1 和图层 2，新建图层 3→在这一层插入一个按钮→单击按钮→打开"动作"面板→在"影片剪辑控制"里双击"on"→双击"press"→单击大括号内，把光标调进大括号→在"时间轴控制"里选择"play"。

方法二：

把小星星、夜色背景图拖放到舞台上→把小星星的实例名称命名为××，→添加一个按钮→在按钮上加载如下代码：

```
for (i=1; i<10; i++) {
duplicateMovieClip("xx", "xx"+i, i);
_root["xx"+i]._x = random(300);
_root["xx"+i]._y = random(200);
_root["xx"+i]._alpha = random(100);
}
```

测试影片：单击按钮，变换天空中星星的数量。每单击一次按钮，天空中星星的数量就变换一次。

【操作研究】

1. 编写代码的对象

编写代码的对象有两个，一个是帧，一个是按钮。制作这个课件，既有针对帧的代码，也有针对按钮的代码。代码是针对一定的对象编写的。在编写代码之前，一定要先单击要加载代码的对象，然后，才能够写代码。否则，代码所包含的计算机指令是无效的。

2. 图层 2 第一帧代码的含义

```
for (i=1; i<10; i++) {
duplicateMovieClip("xx", "xx"+i, i);
_root["xx"+i]._x = random(300);
_root["xx"+i]._y = random(200);
_root["xx"+i]._alpha = random(50);}
```

这是一个循环语句。各分句的含义如下：

for (i=1; i<10; i++) ：自定义一个变量 i。在 1～10 之间变化。

duplicateMovieClip("xx", "xx"+i, i)：拷贝实例名称叫××的影片，可以累加。

Random：产生 0 和 1 之间的一个随机数。Random（200）相当于 0 与 1 之间的随机数与 200 的乘积，即小于 200 的随机数。

_root["xx"+i]._x = random(300)：影片××粘贴在横坐标 300 以内的长方形里。_root["xx"+i]._x 可以是一个确定的数，比如 100，200。

_root["xx"+i]._y = random(200)：影片××粘贴在纵坐标 200 以内的长方形里。

_root["xx"+i]._alpha = random(50)：粘贴出的影片的透明度在 50 以内。random 的随

机性，使得有些星星的亮度为 0，导致我们看不到这些小星星，天上的小星星数量不确定。_root["xx"+i]._alpha 也可以是一个确定的数。比如：_root["xx"+i]._alpha=23。

图层 2 第一帧代码的含义是，把实例名称叫××的影片拷贝出 10 个以内，放置在舞台的左上角长 300 像素，高 200 像素的长方形里。粘贴出的小星星透明度为 50 以下。

3. duplicateMovieClip

duplicateMovieClip 是"动作"面板里"影片剪辑控制"下的一个命令。功能是拷贝影片剪辑元件。使用这个命令需要指出拷贝的份数，以及把拷贝的元件放置的地方。所以，这个命令一般不单独使用。

for (i=1; i<10; i++)即拷贝的份数小于 10。计算机在执行的时候，先拷贝 1 份，然后检测 i 的值，看它是否小于 10，如果小于 10，就再拷贝 1 份；而后，再检测 i 的值，当发现 i 的值等于 10 的时候，就停止拷贝。

"_root["xx"+i]._x = random(300);"和"_root["xx"+i]._y = random(200);"。即粘贴的位置在舞台的左上角边长为 300×200 像素的长方形里。既然是执行拷贝命令，就必须有被拷贝的对象。所以，在使用这个命令前，必须先制作一个被拷贝的对象。比如小星星。

4. 图层 2 第 21 帧代码的含义

gotoAndPlay(1)：播放到第 21 帧时，跳转到第一帧。

【课件的使用】

让幼儿们数天空中的星星。在能够正确数出天上星星的数量后，单击按钮变换天空的星星数量，让让幼儿重新数。在数星星的过程中，可以练习数物品的数量。

【读者演练】

（1）制作一个漫天飞雪的动画。

（2）舞台上有一个五边形。播放影片时，单击按钮，拷贝一个亮度为 69 的五边形，放到舞台上坐标为 x：333，y：333 的地方。

提示：针对按钮编写代码。代码内容如下：

```
on (press) {
duplicateMovieClip("xue", "xue"+1, 1);
_root["xue"+1]._x = 333;
_root["xue"+1]._y = 333;
_root["xue"+1]._alpha = 60;}
```

第二节 两堆桃子

【学习指导】

（1）知道在舞台上定义长方形的方法。会设置拷贝出的桃子的放置区域。

（2）会设置长方形的边角半径。

课件《数星星》是数数教学方面的一个课件，也可以把它改造成数苹果、数西瓜、数人头、数桌子等，也可以把它改造成数 100 以内的数。只要把课件中的五角星换成其他物品，参数 10 修改成 100 就可以了。

数数，其实是在做加法。从 1 数到 2 是 1+1，从 2 数到 3 是 2+1，从 3 数到 4 是 3+1。可以说数数是最简单的加法。

加法是幼儿科学课必教的内容。只不过这里的加法非常简单，而且也比较具体形象。两数的和在 100 以内，而且是以物品相加为主，到大班会教学一些数字加法。怎样用 Flash 8.0 制作物品相加的课件呢？下面我们通过一个例子介绍这类课件的制作。

任务：通过让学生数两堆桃子的数量，学习 10 以内的加法。两堆桃子的数量，可以随机的变化。为这个教学设计一个小的课件。

任务分析：要制作这个课件，屏幕上肯定要出现两堆桃子。桃子的数量要随机出现。上一节，天上小星星的出现就是随机的。如果我们把《数星星》一节的小星星换成桃子，就解决了如何随机出现一堆桃子的问题。制作《数星星》课件的另一种方法，是使用按钮变换小星星的数量，单击一次按钮，出现一片小星星；再单击一次按钮，重新出现一片小星星。在这一节，我们也使用后一种方法变化桃子的数量，在桃子的中间画一条线，就把桃子分成了两堆。

问题是，在《数星星》一节中，小星星出现的区域在舞台的左上角。如果生搬硬套上一课的方法，势必两堆桃子都在舞台的左上角，这样不美观。如果把桃子放到舞台中间就会好看些，而且桃子也比较醒目。怎样把桃子放到舞台中间呢？

利用"影片剪辑控制"命令"duplicateMovieClip"拷贝桃子，必须要指明拷贝到的桃子放在什么地方，即桃子在舞台上的坐标"_root["xx"+i]._x"和"_root["xx"+i]._y"。代码 random 的意思是 0 与 1 之间的随机数。Random（m）的意思是小于 m 的随机数。如果把它作为放置拷贝出的桃子放置的横坐标，那么拷贝出的桃子可能放置在小于 m 的任何一个位置，所以，这个 m 实际上就成了放置桃子区域的一个边长。如果我们把 random（n）作为放置拷贝出的桃子的位置的纵坐标，那么，放置桃子的区域就是一个以 Random（m）为长，random（n）为宽的长方形区域，这个区域在舞台的左上角。

相应的，以 p+Random（m）为长，以 k+random（n）为宽的长方形，左上角顶点的坐标为（p，k）。这样，我们就可以在舞台中间定义一个长方形，给拷贝出的桃子指定一个放置的区域。

操作方法：

1. 新建影片剪辑元件"桃子"

新建一个名为"桃子"的影片剪辑元件→画一个无边线的线性填充的椭圆→使用"混色器"把填充色修改成右边绿色，左边粉红色→使用"任意变形"工具旋转椭圆，使粉红色部分在上面→用"修改"菜单下"变形"下的"套封"工具修改椭圆的形状，使它像桃子→用"铅笔"工具画出桃子身上的沟壑和树叶的轮廓以及桃子的叶柄→用"颜料桶"工具填充树叶。

2. 把舞台设置为"微黄色"

3. 画出存放桃子的区域

画一个"边角半径"为5，长：450，高：200，坐标x：50，y：50的蓝边、白底长方形。点击"长方形"工具→选择笔触颜色和填充颜色→点击工具栏下边的"选项"面板下的"边角半径设置"按钮→半径设置为5→单击"确定"按钮→用"实箭头"选择长方形，在"属性"面板里设置长方形，长：450，高：200，坐标x：50，y：50→在长方形的中间画一条竖线，把它分成两个区域→单击时间轴第一帧，选择菜单栏"修改"项下拉列表中的"组合"命令，把长方形组合成一个整体→在长方形下面输入"第一框桃子"和"第二框桃子"的字样。

4. 设置第一个桃子

把刚才制作的影片剪辑元件"桃子"拖放到框子里→用"任意变形"工具改变它的大小，使它达到框的1/20左右大小→在"属性"面板上给它起个"实例名称"为"tz"（这是非常必要的）。

5. 在舞台的下边添加两个按钮

从公用库中拖放出两个按钮，其中一个是红色，放置在长方形边框下面，用来控制框里桃子的数量。

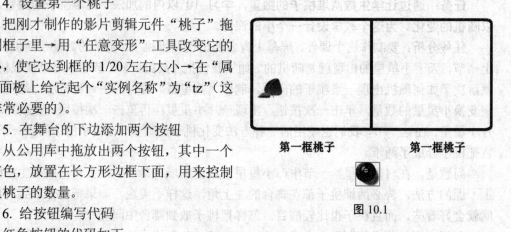

第一框桃子　　　　　　第一框桃子

图10.1

6. 给按钮编写代码

红色按钮的代码如下：

```
on (press) {
    for (i=1; i<9; i++) {
duplicateMovieClip("tz", "tz"+i, i);
_root["tz"+i]._x = 50+random(450);
_root["tz"+i]._y = 50+random(200);
_root["tz"+i]._alpha = 90;}
}
```

7. 测试影片

测试影片发现，有些桃子落在长方形的边框上，这是为什么？应该怎样排除？

这是因为拷贝的时候是以桃子的中心进行定位的，桃子的中心有可能与长方形边框的内侧与边框紧紧挨在一起，桃子又比边框线大许多。所以，就出现了桃子压线的情况。如果我们在计算拷贝位置的时候，把桃子的大小也考虑进去，那么就会避免桃子压长方形边框的现象发生。

8. 解除桃子压长方形外圈边框的情况

单击桃子，在"属性"面板里看到，桃子的宽是 45.8，高 35.6→大长方形的一周都减少 50，得到拷贝出的桃子放置的位置是

_root["tz"+i]._x =100+random(350);

_root["tz"+i]._y = 100+random(100);

要使拷贝出的桃子不超出长方形的外边框，只需要把按钮的代码修改成下面的内容就可以了。

```
on (press) {
    for (i=1; i<9; i++) {
duplicateMovieClip("tz", "tz"+i, i);
_root["tz"+i]._x =100+random(350);
_root["tz"+i]._y = 100+random(100);
_root["tz"+i]._alpha = 90;}
}
```

【操作研究】

1. 拷贝位置的确定

拷贝出的对象放置的位置是一个长方形。

_root["tz"+i]._x =p+random(m);

_root["tz"+i]._y = k+random(n);

P 是长方形左上角顶点的横坐标，k 是长方形左上角顶点的纵坐标，random(m)是长方形的长，random(n)是长方形的高。

2. 圆角矩形的画法

选择"矩形"工具→在工具栏下边的"选项"面板里，单击"边角半径设置"按钮→输入边角的半径值→单击"确定"按钮→在舞台上拖放出圆角矩形。

【课件的使用】

单击按钮，让学生数第一个边框里的桃子，再数第二个边框里的桃子，问两个屏幕上一共有多少个桃子？学生答对后，单击按钮更换题目重新教学。

如果两个框子的分界线上有桃子，那么请继续单击按钮。

【问题研究】

1. 从理论上讲，把拷贝出的对象放置的区域设置为

_root["tz"+i]._x=50+random(200) and（或者&&）300+random(200; _root["tz"+i]._y = 100+random(100)

表示的是左上角顶点在（50，100），长为 random(200)，宽为 random(100)的长方形和顶点在（300，100），长为 random(200)，宽为 random(100)的两个长方形。可是测试的结果，却是一条线。这是为什么呢？怎样把这两个长方形分开？

2. 一个按钮可以控制一个拷贝的区域

从道理上讲，两个按钮应该控制两个拷贝的区域。然而，测试的结果却不是这样。单击第一个按钮，在第一个拷贝的区域出现了拷贝出的对象。单击第二个按钮，第一个拷贝出的对象消失了，同时在第二个拷贝的区域出现了新的对象。为什么单击第二个按钮的时候，第一个按钮拷贝出的对象会消失呢？应该怎样阻止第一个按钮拷贝出的对象消失？

第三节　加法教学器

【学习指导】

（1）知道加法教学器的构成，了解变量的意义，会设置文本框的属性。一定要注意，必须给文本框设置变量和取消"自动调整字距"。

（2）会编写运算代码。

（3）了解影片剪辑滤镜的设置方法。

在幼儿园的大班，可以教学加法算式，只是算的数很小，一般在 20 以内。

幼儿初接触算式，对算式的理解和使用的熟练程度主要靠训练。即让学生多次重复使用，强化他们对算式的记忆和理解。在没有计算机之前，要提高学生对算式的认识，主要是教师在黑板上写出一道又一道算式题，让学生一次又一次地计算，一次又一次地回答计算的结果。在数字时代的今天，老师没有必要再用粉笔在黑板上重复写题，完全可以用计算机取代传统的教学手段。这一节，我们就来研究如何使用计算机出加法题的问题。

任务：制作一个课件，在里面输入两个加数，单击一下，就可以出现和。

任务分析：既然是做加法，那么肯定得有写两个加数和放置结果的位置，而且还要有激发和的东西。因此，需要在舞台上设置三个文本框和一个按钮，两个文本框放置加数，一个文本框放置答案，按钮发布计算的命令，激发答案。

用按钮激发答案，那么就要在按钮上加载求和的命令代码。

操作程序：

1. 设置物理对象

使用工具栏里的"文字"工具在舞台上拖放出四个文本框→从公用按钮库中拖放出一个长方形按钮。如图 10.2 所示。

2. 设置文本框的属性

图 10.2

自左至右，把一、三文本框设为"输入文本"，文本框二设置为"静态文本"并输入加号，第四个文本框设置为"动态文本"。文本框一、三、四要取消"自动调整字距"。具体操作如下：

实箭头单击左边第一个文本框，在"属性"面板里做如下设置，文本类型：输入文本，实例名称：js1，变量：a，取消"自动调整字距"→实箭头单击左边第二个文本框，在"属性"面板里做如下设置，文本类型：静态文本，并输入"+"→实箭头单击左边第三个文本框，在"属性"面板里做如下设置，文本类型：输入文本，实例名称：js2，变量：b，取消"自动调整字距"→实箭头单击左边第四个文本框，在"属性"面板里做如下设置，文本类型：动态文本，实例名称：h，变量：c，取消"自动调整字距"。

3. 修改按钮上的字符

双击按钮→单击图层"text"→单击第一帧→双击舞台上按钮上面的文字→输入"="→修改"="的字号，使之尽可能地大。

4. 在按钮上加载代码

切换到场景→单击"="按钮→打开"动作"面板→输入如下代码：

```
on (press) {
    c = Number(a) + Number(b);
}
```

Number 的意思是将后面括号内的参数转换成数字类型。

语句"c = Number(a) + Number(b);"表示参数 c 是数字 a 与数字 b 的和。

5. 测试影片

我们向两个加数的文本框里输入数字，单击"="按钮，在最后的文本框里显示和。再次输入加数，单击"="按钮，又得到新的和。

问题是每次都要删除文本框里的数，这太麻烦了。能不能一下子清除两个加数和的文本框里的内容。回答是肯定的。我们只要给计算机下一道命令，让它清除文本框里的数字就可以了。

6. 设置清除

在舞台上放置一个按钮→选择这个按钮→打开"动作"面板→在右区输入下面一段代码就可以了。

```
on (press) {
    a="";
    b="";
    c="";}
```

命令的意思是，当鼠标指针在按钮上按下左键时，计算机执行如下命令：让参数 a、b、c 均为空，即参数 a、b、c 都没有内容，也就是清空文本框的意思。

为了便于识别按钮的功能，可以双击按钮进入按钮的编辑状态，给按钮添加一个图层，在该图层上写上按钮的功能作为标记。如："清除"字样。

7. 测试影片

测试影片，输入加数，单击"="号，显示答案。单击"清除"按钮，三个文本框里的内容都没有了。但是，每次重新出题也比较麻烦，能不能让计算机随机出题呢？

我们知道，代码 random 是随机的意思，random(10)是小于 10 的整数。按钮可以激发一些操作。如果我们设置一个按钮，给这个按钮加载一段命令代码，让计算机在两个加数框里随机输入小于 10 的自然数，就可以解决需要一个一个地输入加数的问题了。

8. 设置输入加数按钮

在舞台上插入一个按钮→在按钮上做标记"出题"→选择"出题"按钮→打开"动作"面板→在右区输入如下代码：

```
on (press) {
    a=random(10);
    b=random(10);}
```

9. 课件的精简

这个课件有三个按钮，一个是激发答案的"="按钮，一个是清除文本框内容的"清除"按钮，一个是重新出题的"出题"按钮。其实，这三个按钮是可以精简掉一个的。

不要"清除"按钮，把"出题"按钮上的命令代码改成：

```
on (press) {
    a=random(10);
    b=random(10);
    c="";}
```

这样，当我们单击"出题"按钮的时候，计算机就会自动地用新的加数代替原来的加数，并且清除实例名称为"h"的文本框里内容。

10. 修饰课件

（1）给按钮添加声音。

双击按钮，进入按钮的编辑状态→插入图层→把库中的声音拖放到新图层中。

（2）给课件添加外衣。

切换到场景，使用长方形工具给课件做一个精美的外衣。

画一个线性渐变填充的长方形作为课件的背景图→使用"混色器"，把黑白渐变，变成"黑—白—黑"渐变→选中这个长方形，使用菜单栏"修改"项下拉列表中的"转换成元件"命令，把它转换成"影片剪辑"→单击"属性"面板上的"滤镜"选项卡→单击"+"→选择"投影""斜角"等效果选项，制作出背景图。如图 10.3所示。

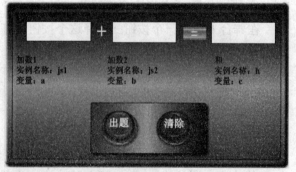

图 10.3

我们制作的这个用来做加法计算的课件，叫作加法教学器。类似地，我们把与之相仿的做减法计算的课件，叫作减法教学器。

【操作研究】

1. 文本框

Flash 8.0 里的文本框都是通过工具栏里的"文本"工具制作的。

文本框有三种类型：静态文本、输入文本、动态文本。静态文本，指在编辑的时候输入的，在播放的时候不能够修改的文本。输入文本，指的是在播放的时候可以输入的文本。写入加数的文本框，要在播放的时候输入数字，所以，这些文本框都必须是输入文本类型。动态文本，指在播放的时候随时都可能变化的文本。答案是计算机算出的。填写答案的文本框就必须是动态文本类型。

2. 自动调整字距

"自动调整字距"是文本框的一个属性，在文本框的属性面板下边设置。在汉字输入的时候使用它。当文本框用来做计算的时候，必须把它前面"√"去掉。否则，无法设计计算机自动计算的课件。

3. 变量、名称、实例名称

在 Flash 8.0 里，一个文本框可以有多个名称。参与计算的文本框一般有三个标记，一个是一般名称，一个是实例名称，还有一个是变量。一般名称是课件制作者给文本框标注的用以识别的标记。譬如，我们在制作元件的时候，会给元件起一个名称。这个名称就是一般名称。实例名称是计算机要识别的名称，在编写程序代码的时候会用到，一般为英文字母组，在属性面板里设置。变量是从变化的角度给文本框做的标记，在文本框的属性面板里设置，通常是简单的英文字母组。设计计算机自动计算，一般不使用文本框的一般名称和实例名称，而是使用变量。所以，如果文本框里的数字要参加计算，那么必须给文本框指定变量。

4. 在文本周围显示边框

"在文本周围显示边框"是一个按钮，在文本框属性面板的中间，变量的左边是一个像写有文字的纸张一样的图标▣。选择它，文本框四周会出现边框和白的底色；不选择它，文本框的边缘是虚线，没有底色。我们通常会把舞台的背景设置为蓝色，再选择"在文本周围显示边框"，这样文本框会醒目一些。

5. 计算代码的格式

单击按钮激发计算，加载在按钮上的代码由两部分组成：前半部分是操作的方法，后半部分是要求计算机执行的命令。例如：

```
on (press) {
a=random(10);
b=random(10);
c="";}
```

大括号前面的 on (press) 是操作的方法，即鼠标指针在按钮上按下。

大括号中的　{

```
a=random(10);
b=random(10);
```

　　　　c="";}

是要求计算机执行的命令。即让计算机在第一个加数文本框里填写小于 10 的自然数，在第二个加数文本框里也写上小于 10 的自然数，并清空显示答案的文本框。

　　6. 自动计算课件构成

　　自动计算课件有两部分组成：①硬件部分。输入数字的文本框、运算符号、等号和激发运算的按钮。②软件部分。加载在按钮上的运算代码。

　　7. 影片剪辑的滤镜

　　在选择了影片之后，单击舞台下面的"滤镜"选项卡，可以打开滤镜面板。滤镜面板通常是空的。需要时，可以通过单击板左上角的"+"选择需要的效果。

【读者演练】

　　做一个减法教学器。

第四节　谁大谁小

【学习指导】

　　（1）了解数学函数的使用方法。包括使用数学函数需要什么物理对象以及命令的格式。

　　（2）知道坐标的表达方法。

　　（3）知道"+"和英文双引号的用法。

　　《幼儿园教育指导纲要（试行）》中"科学"领域对数学的教学提出了明确的要求："引导幼儿对周围环境中的数、量、形、时间和空间等现象产生兴趣，建构初步的数概念，并学习用简单的数学方法解决生活和游戏中某些简单的问题。"这里所说的"数"，包括数数、认数、写数和比较两个数的大小。"量"，包括量的大小、多少、高低等。这一课，将通过一个具体的实例研究比较数的大小的课件的制作方法。

　　任务：做一个比较两个数大小关系的小课件。

　　任务分析：比较两个数的大小，需要两个显示数的地方，对比较的结果要进行显示，还需要一个存放结果的地方。可见，做这个课件需要三个文本框。和做加法教学器一样，用来显示参与比较的两个数的文本框是输入文本，显示结果的文本框是动态文本。

　　既然是制作课件，就是为了加大教学容量、提高教学的效率。因此，要尽可能地提高课件的自动化程度，使用按钮填写数据，使用按钮激发比较的结果。看来，制作这个课件还要设置两个按钮，一个用来出题，一个用来显示比较的结果。

　　幼儿的学习是以直观的形象思维为主的，为了降低教学的难度，我们可以用一些直观的事物表现数量的大小。这样学生更容易理解数与数之间的大小关系。这一节，我们将用高低不同的两个事物来表现数的大小关系。

　　素材来源：我的电脑/E 盘/Flash 制作课件/图片。

操作方法：

1. 设置物理对象

使用工具栏里的"文本"工具在舞台上拖放出三个文本框→使用菜单栏"窗口"项下拉列表中的"公用库"下的"按钮"命令，在舞台上拖放出两个圆形按钮→调整它们的位置如图 10.4 所示。

图 10.4

2. 设置文本框的属性

把上边的两个文本框设置成"输入文本"，左边的实例名称叫 s1，变量为 a，右边的实例名称叫 s2，变量为 b；下边的文本框设置成"动态文本"，实例名称叫 jg，变量为 d。三个文本框都要取消"自动调整字距"，都选择"在文本周围显示边框"。

3. 给按钮添加标签和声音

从"我的电脑/E 盘/Flash 制作课件/声音/ windows 自带声音"向库中导入"叮当声"。→双击左边的按钮，进入按钮的编辑状态→单击"text"图层的锁，解锁该图层→双击舞台上按钮上的英文，把它修改成"出题"→在 text 图层上新建一个图层 7→在"点击"下面创建"空白关键帧"→把库中的"叮当声"拖放到这一帧。

如法炮制给右边的按钮添加标签"比较"和"叮当"。

4. 给舞台对象添加"投影"效果

选择"出题"按钮→单击舞台下面的"滤镜"选项卡→单击"滤镜"对话框左上角的"+"→单击"投影"。其他文本框和按钮，如法炮制。

5. 给出题按钮加载命令代码

要求单击这个按钮，在文本框 s1 和 s2 里各显示一个数。因为幼儿认识的数比较小，一般不超过 100，为了降低难度，我们在文本框 s1 和 s2 里显示 10 以内的数字。既然是出题，就要有随机性。因此，要求这些数字要随机出现。

单击"出题"按钮→打开"动作"面板→双击"影片剪辑控制"下的"on"→双击"press"→在大括号内输入命令代码：

a=random(10);

b=random(10);

代码 a=random(10)的意思是在文本框 s1 里随机显示 10 以内的自然数。b=random(10)的意思是在文本框 s2 里随机显示 10 以内的自然数。

6. 给比较按钮加载命令代码

对比较按钮的要求是，单击它要在文本框 jg 里显示比较的结果，即哪个数大，哪个数小。文本框的变量是 d，因此按钮的命令代码要针对 d 编写。

单击"比较"按钮→打开"动作"面板→在右区输入命令代码：

on (press)

{d=Math.max(a,b)+"大"+Math.min(a,b)+"小";}

Math.max 的意思是选择小括号内那组数中最大的。Math.max(a,b)的意思是选择 a 和 b 中最大的。Math.min 的意思是选择小括号内那组数中最小的。Math.min(a,b)的意思是取 a 和 b 中最小的。全部代码的意思是，文本框 jg 里的变量是文本框 s1、s2 里最大的后面续写"大"字，在 s1 和 s2 里最小的后面再续写一个"小"字。

7. 测试影片

单击出题按钮，可以看到上边的两个文本框里各显示一个数，再单击，又出现一组新的数。说明，这个按钮的命令代码加载成功。单击比较按钮，会看到下面的文本框里显示了比较的结果。说明这个按钮加载代码也是正确的。

8. 形象表示两个数之间的大小关系

（1）画表示事物高低的刻度尺。

锁定图层 1，新建图层 2→画一个蓝底黑框的长方形→使用"混色器"把内部的透明度 Alpha 设为 50%→在"属性"面板里把长方形设置为宽：50，高：300，x：250，y：25→画一条长为 200 的竖线，以网格线为参考，把线段分成 10 等份，用水平的短红线标注，并把它拖放到蓝色的长方形上，使它们的上端对齐。如图 10.5 所示。

这样，红色标尺线的坐标和蓝色长方形的坐标一样，都是：x：250，y：25。因为标尺线的长度是 200，所以，标尺线左下角的坐标是 x：250，y：250。

（2）添加动画小燕子和天使。

把"我的电脑/E 盘/Flash 制作课件/图片"中的动画"天使"和"小燕子"导入到库→插入到图层 1→把动画"小燕子"放到文本框 s1 上，"天使"放到文本框 s2 上→使用"任意变形"工具把小燕子的变换中心拖放到右边的控制点上，把天使的变换中心拖放到左边的控制点上，如图 10.6 所示。

（3）添加命令代码。

在单击出题按钮时，激发文本框 s1 和 s2，在文本框内填写数字，文本框 s1 显示什么数字，小燕子就飞到那个刻度线上；文本框 s2 显示什么数字，天使就飞到那个刻度线上。

小燕子和天使位置的移动，其实就是它们坐标的变化。所以，只要重新定义它们的坐标，它们就会移动。在出题按钮上加载小燕子和天使的坐标代码，就可以实现单击出题按钮让小燕子和天使在刻度线上移动的目的。

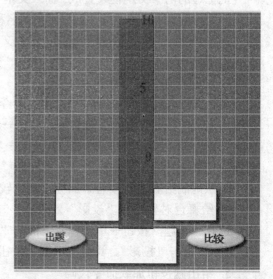

图 10.5

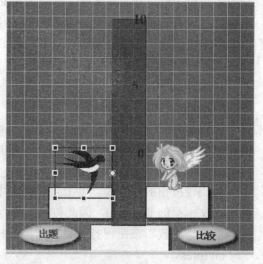

图 10.6

单击出题按钮→打开"动作"面板→在右区，书写命令代码：

```
on (press) {
    a=random(10);
    b=random(10);
    yz._x=250;
    yz._y=a;}
```

代码的意思是，单击出题按钮，文本框 s1 和 s2 各显示一个小于 10 的随机自然数。小燕子的横坐标为 250，纵坐标为 a，即小燕子的纵坐标和文本框 s1 内的数值一样。

测试影片发现，单击出题按钮，小燕子会上下移动，但是，移动的幅度非常小。这是为什么呢？

这是因为文本框 s1 里的数字在 1 和 10 之间。小燕子的坐标单位是像素，在 Flash 8.0 默认的窗口里，1 个像素=舞台宽的 1/550。小燕子从文本框 s1 里能够获得的坐标值最大不过 10，即 10 个像素。10 像素是很短的一段距离。所以，要想使小燕子在刻度线上大幅度地移动，必须放大从文本框 s1 引进的数字。

刻度线的高度是 200，是文本框里数字的 20 倍。所以，在出题按钮的命令代码里，必须把数字放大 20 倍。因此，应该将小燕子的坐标命令修改成：yz._y=a*20。

修改后，再测试影片。发现，虽然小燕子在刻度线上的活动范围扩大了。但是，活动的方法和人们的认识恰恰相反。文本框 s1 里的数字增大了，小燕子应该上升，它却下降了。S1 里的数字变小了，小燕子应该下降，它却上升了。这又是为什么呢？

这是 Flash 8.0 对坐标的规定问题。通常，把自左向右的方向定为正方向，坐标原点往左的数越来越小，往右的数越来越大；把自下向上的方向定为正方向，坐标原点下面的数越来越小，上面的数越来越大。Flash 8.0 恰恰相反，它以舞台的左上角为坐标原点，往下和往右为正方向，往上、往左为负方向。所以，在 Flash 8.0 里小燕子的纵坐标值越大，它的位置就越低；小燕子的纵坐标值越小，它的位置反而越高。怎样让小燕子的移动方向与我们通常的认识一致呢？这就需要把坐标值反过来。方法很简单，把出题按钮里的小燕子的纵坐标修改成：

yz._y=225-a*20;

测试修改后的影片，发现，文本框 s1 的数值增大，小燕子往上移动；s1 里的数值变小，小燕子往下移动。这已经符合了我们的认知习惯。但是，小燕子位置的纵坐标总是比 s1 里的数值少一个刻度数。这怎么办呢？

一个刻度格是 20 个像素，从小燕子的纵坐标里减去 20 个像素，不就可以了吗？即在出题按钮的命令代码里把 yz._y=225-a*20 改成 yz._y=225-a*20-20。

测试修改后的影片，发现基本上达到了预期的目的。接着，可以仿照小燕子的设计方法，来设计天使。

单击出题按钮→打开"动作"面板→在右区添加代码：

ts._x=300;

ts._y=225-b*20-40;

至此，出题按钮承载了三个任务：出题、规定小燕子和天使的坐标。全部代码如下：

```
on (press) {
    a=random(10);
    b=random(10);
    yz._x=250;
    yz._y=225-a*20-20;
    ts._x=300;
    ts._y=225-b*20-40;}
```

【操作研究】

1. 代码里的坐标表示方法

代码里的坐标以等号作为分界线，左边是坐标的名称，右边是坐标的值。坐标名称包括对象的实例名称、小数点、下划线和坐标。如：ts._x=300。ts 是动画天使的实例名称，x 是指动画天使的横坐标。初学者可能会忽略小数点和下划线。这是错误的，小数点表明前后内容之间的隶属关系，下划线表明后面的字母 x 是一个参数。没有这些，就会出现语法错误，计算机将按兵不动，不服从命令。

2. 数学函数

初中数学对函数的定义是：如果在某个变化过程中有两个变量 x 和 y，并且对应 x 在某个范围内的每一个确定的值，按照某个对应的法则，y 都有唯一确定的值和它对应，那么 y 就叫作 x 的函数，x 叫自变量。在 Flash 8.0 里有大量的数学函数，其意义与这个定义差不多，都是给出一个值，能够变化出另外一些值，可能是一个，也可能是一组。我们上一节用到的 random(a)以及这一节用到的 Math.max(a, b)和 Math.min(a, b)都是数学函数。

函数 b=random(a)表示给定一个 a 的值，单击按钮就可以出现一组小于 a 的值。其中，a 是自变量，b 是函数。

函数 Math.max( )表示：在小括号内输入一些数，数与数之间用逗号隔开，单击按钮，就可以得到一个最大的值。其中，小括号里的数是自变量，得到的最大值是函数。

从这些例子可以看出，Flash 8.0 里函数的意义要比初中数学中函数的定义宽许多。但实质是一样的，都是由一些量的变化引起另外一些量的变化。

常用的数学函数如下：

Math.abs() 计算绝对值；

Math.acos() 计算反余弦值；

Math.asin() 计算反正弦值；

Math.atan() 计算反正切值；

Math.atan2() 计算从 x 坐标轴到点的角度；

Math.ceil() 将数字向上舍入为最接近的整数；

Math.cos() 计算余弦值；

Math.exp() 计算指数值；

Math.floor() 将数字向下舍入为最接近的整数；

Math.log()　计算对数；

Math.max()　返回两个整数中较大的一个；

Math.min()　返回两个整数中较小的一个；

Math.pow()　计算 x 的 y 次方；

Math.random()　返回一个 0.0 与 1.0 之间的伪随机数；

random(a)　返回小于 a 的自然数；

Math.round()　四舍五入为最接近的整数；

Math.sin()　计算正弦值；

Math.sqrt()　计算平方根；

Math.tan()　计算正切值。

要想做一个 Flash 动画高手，必须得掌握这些数学函数。

3. 数学函数的使用问题

数学函数涉及到两个量：自变量和函数。这些都需要用文本框显示出来，而且函数的出现靠的是按钮的激发。所以，使用数学函数做课件，首先要制作出文本框和按钮这些物理对象，其次，要给按钮加载命令，即想让计算机做怎样的计算。

按钮上的命令代码分两个部分：对按钮的操作方法和按钮要激发的事件，重要的是后半部分。

数学函数的表达式：函数=函数关系（自变量）。

例如，a=random(10)。其中 a 是函数，random()是函数关系式，10 是自变量。

再如，b=Math.min(a,c,d,y,f,)。其中，b 是函数，Math.min()是函数关系式，a、c、d、y、f 是一组变量。

4. 命令中的"+"和英语引号

①如果命令中的"+"相连接的都是数值，那么"+"表示的是前后两个数做算术运算，即纯粹的数学运算。

例如：c = Number(a) + Number(b)中，c 是数值 a 与数值 b 的和。

②如果命令中的"+"相连接的不是数值，那么"+"表示的是前后两个对象的合并，后面的对象续写在前面对象的后边。

例如：c=aa.text+bb.text 中，假若文本框 aa 里的内容是"南阳幼儿师范" bb 里是"胡炳旭"，则 C 是文本框 aa 里的内容和文本框 bb 内容的和，即"南阳幼儿师范胡炳旭"。

③如果命令里中的"+"，相连接的是英文双引号，那么表示把双引号内的内容连起来。例如：d=Math.max(a,b)+"大"+Math.min(a,b)+"小"; d 的内容是 ab 的最大值后面续写"大"，"大"的后面续写 ab 的最小值，ab 最小值后面续写"小"字。

第五节　认识时间

【学习指导】

大致知道钟表代码的意思，能够用复制代码的方法自己制作电子钟表和机械钟表。

《幼儿园教育指导纲要（试行）》明确要求，幼儿园要让幼儿学会看机械钟表和电子钟表，初步形成时间的观念。对于时间方面的教学，一方面让学生认识表盘的构造，知道什么是时针、什么是分针、什么是秒针，能够通过钟表感知时间的长与短；另一方面让学生在活动中体会时间的长短，诸如课间活动的时间短，上课的时间长等。教学的主要工具是机械钟表和电子钟表。机械钟表和电子钟表的实物都比较小，不便于在全班教学。本节我们研究如何使用 Flash 8.0 制作机械钟表和电子钟表。

任务一：制作一个电子钟表。

任务分析：电子钟表有一个显示时间的窗口，镶嵌在精美的表体上。因此，制作电子钟表，需要绘制一个电子钟表的表体，再添加一个文本框，文本框显示的时间在不停地变化，因而，它应该是动态文本类型。另外，时间的变化需要一个驱动，这就要给文本框加载命令代码。

【操作程序】

1. 制作时间显示窗口

在图层 1 的第一帧，插入一个动态文本框→输入实例名称：显示窗→输入变量：shj→取消"自动调整字距"→在第二帧插入帧（可以按 F5 键实现）。

2. 给时间显示窗安装驱动程序

（1）给图层 2 第一帧加载代码。

锁定图层 1，新建图层 2→单击图层 2 第一帧→打开"动作"面板→在右区输入代码：

```
mytime=new Date(); //定义一个时间函数 mytime。
t_h=mytime.getHours(); //定义 t_h 表示当前时间中的小时部分。
if(t_h<10){
shi="0" + t_h; //让小时以"00"的格式显示。
}else{
shi=t_h; //把小时赋值给变量"shi"。
}

t_m=mytime.getMinutes(); //定义 t_m 表示当前时间中的分钟部分。
if(t_m<10){
fen="0" + t_m; //让分钟以"00"的格式显示。
```

}else{

fen=t_m; //把分钟赋值给变量"fen"。

}

t_s=mytime.getSeconds() //定义 t_m 表示当前时间中的秒钟部分。

if(t_s<10){

miao="0" + t_s; //让秒数以"00"的格式显示。

}else{

miao=t_s; //把秒数赋值给变量"miao"。

}

TimeText=shi + ":" + fen + ":" + miao; //动态文本框显示时分秒。

说明："//"前面为驱动时间变化的代码，后面是对代码含义的解释。

（2）给图层 2 第二帧加载代码。

单击图层 2 第二帧→在这一帧中单击鼠标右键→转换为空白关键帧→打开"动作"面板→输入代码：gotoAndPlay(1)。

测试影片发现，文本框"显示窗"里有时间在跳动。这个时间是计算机上的时间。

3. 制作电子钟表的表体

新建一个名为"表体"的图形元件→画一个好看的长方形。

4. 组合电子钟表

切换到场景 1，打开图层 1，锁定其他图层→把"表体"图形拖放到舞台上→把"表体"调整到最底层→摆放好位置。如图 10.7 所示。

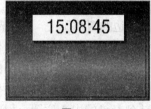

图 10.7

5. 添加功能

打开图层 2，锁定图层 1→把图层 2 的第三帧、第四帧转换为空白关键帧→单击第三帧→打开"动作"面板→在右区输入代码：

mytime=new Date() //定义一个时间函数 mytime。

t_s=mytime.getSeconds()//定义 t_m 获得当前时间中的秒。

if(t_s<10){

miao= t_s; //让秒数以"00"的格式显示。

}else{

miao=t_s; //把秒数赋值给变量"miao"。

}

shj=miao; //动态文本框显示秒。

单击第四帧→打开"动作"面板→在右区输入代码：

gotoAndPlay(3);

锁定图层 2，打开图层 1→在图层 1 插入一个按钮→双击按钮，进入按钮的编辑状态→给按钮添加标注"秒表"→切换到场景→单击按钮→打开"动作"面板→在右区输入代码：

on (press) {gotoAndPlay(3);}// 单击按钮跳转到第三帧。

在图层 1 再插入一个按钮，标注"还原"，如图 10.8 所示，在按钮上加载代码：

图 10.8

on (press) {gotoAndPlay(1);}//单击按钮跳转到第一帧。

任务二：做一个机械钟表。

任务分析：机械钟表有表体、时针、分针、秒针。这些都需要画出来。其中，表体是静态的，时针、分针、秒针是动态的，而且转动的速度是不一样的。因此这四个实体是不能够组合的。另外，转动的时针、分针和秒针都需要驱动。需要给它们加载命令代码，指出让它们怎样旋转才行。

操作方法：

1. 画出表体

新建一个名为"表体"的图形元件，画出表体。如图 10.9 所示。

2. 制作时针、分针、秒针

制作时针：新建一个名为"时针"影片剪辑元件→画一个线形填充的竖立长方形→使用"部分选择"工具修改上边的两个顶点，使之重合，得到一个三角形→使用实箭头拖放三角形的底边，使其呈圆弧状。

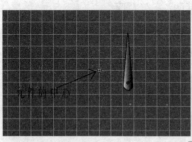

图 10.9

舞台上有一个带圆圈的小十字 ⊗，这是元件的中心，元件的自动旋转是以它为轴心的。所以，在这里，必须把时针的旋转轴心与元件的中心重合。否则，不能够把时针安装到表盘的中心位置。如图 10.10 所示。

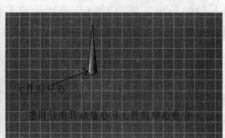

图 10.10

制作分针和秒针与制做时针的方法相同。

3. 放置表体

把表体放到图层 1。

4. 放置时针、分针、秒针

在图层 1 上面建立图层 2，把时针、分针和秒针移动到图层 2。把时针、分针、秒针的实例名称分别命名为 shi、fen、miao。

5. 确定时针、分针、秒针的位置

锁定图层 1，打开图层 2→使用菜单栏"修改"项下拉列表中的"排列"下的命令，调整三个指针的叠放层次，使得时针位于最底层，秒针位于最上层，分针位于中间层→选择菜单栏"视图"项下拉列表中的"标尺"命令，用辅助线确定表盘的中心。

图 10.11

把三根针拖放到表盘的中心，使它们的轴心与表盘的中心重合。

6. 在时间轴上加载代码

锁定图层 1、2，新建图层 3→单击图层 3 第一帧→打开"动作"面板→在右区输入命令代码：

```
_root.onEnterFrame=function(){
myDate=new Date(); //定义一个时间。
shi._rotation = myDate.getHours()*30+(myDate.getMinutes()/2); //时针走法。
Fen._rotation = myDate.getMinutes()*6+(myDate.getSeconds()/10); //分针走法。
Miao._rotation = myDate.getSeconds()*6; //秒针走法。}
```

【操作研究】

1. 电子钟表

制作电子钟表的关键是编写代码。编写代码的方法有多种，前面介绍的命令代码用到了条件语句，比较复杂。如果直接把从电脑中获取的时、分、秒用字符的加法写在一个文本框里，那么制作就会简单许多。

在图层 1 第一帧制作电子钟表表体和显示时间的文本框，文本框实例名称为 shj。把第二帧转换为关键帧，在第一帧上加载代码：

```
myDate=new Date();
shj.text = myDate.getHours()+":"+myDate.getMinutes()+":"+myDate.getSeconds();
```

单击第二帧，加载代码：gotoAndPlay(1);

其实，这还不是最简单的。还可以删除第二帧，只用一个帧。在第一帧制作出表体和显示时间的文本框，文本框实例名称为 shj。在第一帧上加载代码：

```
_root.onEnterFrame=function(){
    myDate=new Date();
shj.text = myDate.getHours()+":"+myDate.getMinutes()+":"+myDate.getSeconds();}
```

2. 旋转中心

元件的旋转中心是元件的中心。所以，制作旋转的元件，要把图形的旋转轴心放置在元件的中心上。

使用 Flash 8.0 工具栏里的工具绘出的图形，默认的旋转中心是它的几何中心。如有特殊需要，那么可以使用"任意变形"工具移动它的旋转中心。

3. 条件语句

在电子钟表的程序里有一个非常重要的语句

if(t_s<10){ miao="0" + t_s;}

else{ miao=t_s;}

把这个句式用汉语表达，就是：

如果 t_s<10，那么 miao="0" + t_s，否则，miao=t_s。

读者可能会认为，代码的语言太难掌握了。其实，对于不是以编写程序为生的幼儿教师来说，没有必要背诵它的单词、句型、句式和语法，只要知道一个条件语句可以在什么地方找到其含义是什么就可以了。制作课件的时候，把这个语句找出来，复制粘贴到自己的课件里，把有关的数据修改一下就可以了。

4. 时间函数

getDate 根据本地时间获取当前日期（本月的几号）

getDay 根据本地时间获取今天是星期几（0-Sunday，1-Monday……）

getFullYear 根据本地时间获取当前年份（四位数字)

getMonth 根据本地时间获取当前月份（注意从 0 开始:0-Jan，1-Feb……）

getHours 根据本地时间获取当前小时数（24 小时制，0～23）

getMinutes 根据本地时间获取当前分钟数

getSeconds 根据本地时间获取当前秒数

getMilliseconds 根据本地时间获取当前毫秒数

【读者演练】

制作一个电子日历。

第六节　捕蝶游戏

【学习指导】

（1）会把鼠标设为自己喜欢的图形。

（2）了解条件语句的句子形式。

任务： 制作一个用手去捕捉蝴蝶，但是总是捕捉不到蝴蝶的小游戏。

任务分析： 这个动画涉及到蝴蝶和手两个对象。用手取捕捉蝴蝶，手是主动出击的，蝴蝶是被动逃跑的。我们移动鼠标，鼠标指针是主动运动的。制作出主动出击的手，只要把鼠标指针换成手的形状就可以了。手接触蝴蝶，蝴蝶要飞走，说明它们是不相容的，所以还要加载使它们分离的命令代码。

操作方法：

1. 制作影片剪辑元件"小手"

新建名为"小手"的影片剪辑元件，用"线条"工具画一只捕捉形状的手，用实箭头修改轮廓线，用"颜料桶"工具把手填充成肉色，指甲填充成白色。如图 10.12 所示。

2. 制作影片剪辑元件"蝴蝶"

用"椭圆"工具画一个没有边线、灰色填充的椭圆→用菜单栏中"修改"项下拉列表中的"变形"命令下的"套封"工具修改其边缘，使它呈蝴蝶的翅膀状→用"刷子"工具在翅膀上点上一些彩色的点→用"线条"工具画出翅膀上的条纹→让翅膀下边的旋转点和元件的中心重合→把整个翅膀组合起来，并转换为图形元件。

图 10.12

用"椭圆"工具画一个水平放置的椭圆表示蝴蝶的肚子→用"线条"工具在蝴蝶的肚子上画上花纹→用"刷子"工具点出蝴蝶的眼睛，画出触角→把肚子组合起来。

复制粘贴出另一个翅膀。用制作帧动画的方法，做成一个会扇动翅膀的蝴蝶元件。

3. 组装动画

切换到场景→把"蝴蝶"和"小手"元件拖放到舞台上→用菜单栏中"修改"项下拉列表中的"排列"命令把"小手"元件"移动至顶层"→用"任意变形"工具改变它们的大小，使得二者协调，基本符合实际情况。

设置"小手"的实例名称为"xs"。蝴蝶的实例名称为"hd"。

4. 给第一帧加载"小手替换鼠标指针"的代码

单击第一帧→打开动作面板→在右区输入如下代码：

Mouse.hide();

startDrag("xs",true);//startDrag：在影片剪辑上开始拖放动作；xs：表示拖放的是小手。

x=getProperty(xs,_x);//getProperty：返回指定影片剪辑的属性；x 为小手（xs）的横坐标。

y=getProperty(xs,_y);//y 为小手（xs）的横坐标。

测试影片，发现鼠标指针没有了，移动鼠标，取而代之的是小手在移动。说明代码加载成功，已经达到了预期的目的。

5. 给第一帧加载"小手捕蝶，蝶飞走"的代码

在原来代码的基础上，后续加载如下代码：

if(hd.hittest(x,y,true))//hittest：检查某点或者某影片剪辑是否与另一影片剪辑相交。全句的意思：如果鼠标与蝴蝶（hd）的横坐标、纵坐标重合为真。

{setproperty("hd",_x,50+random(400));//setproperty：设置影片属性。全句的意思是影片 hd 的横坐标是 50～450 之间的随机数。

setproperty("hd",_y,50+random(300));//setproperty：设置影片属性。全句的意思是影片 hd 的纵坐标是 50～350 之间的随机数。

}

把第二帧转换为关键帧，或者在第二帧插入帧。

测试影片发现，移动鼠标时小手跟着移动。当小手在蝴蝶上时，蝴蝶会跳走。有时候，好像捕捉到了蝴蝶，但是鼠标稍微晃动一下，蝴蝶就飞走了。这就是捕蝶的效果。

6. 给第一帧加载"显示小手的位置"的代码

新建两个动态文本框，设置实例名称为 a、b，变量为 x、y，在第一帧原来代码的后面续写如下代码：

x = _root._xmouse;//_root：当前级别的根影片剪辑。

//_xmouse：鼠标指针的横坐标。

y = _root._ymouse;//_ymouse：鼠标指针的纵坐标。

【操作研究】

1. 小手替换鼠标指针

小手替换鼠标指针，主要是针对帧编写代码。

```
Mouse.hide();
startDrag("xs",true);
x=getProperty(xs,_x);
y=getProperty(xs,_y);
```

其中 xs 是小手的实例名称。小手是影片剪辑格式。有些人认为，是把小手变成的鼠标，应该把代码写给小手。其实代码是加载在帧上的。

如果想制作一个用苍蝇拍打苍蝇的动画，那就要用苍蝇拍替换鼠标指针。方法很简单，只要把自己画的苍蝇拍的实例名称命名为 xs，把上面的代码复制粘贴到帧上就可以了。

2. 小手捕蝶的代码

```
if(hd.hittest(x,y,true))
{setproperty("hd",_x,50+random(400));}
```

这是一个条件语句。有互相排斥的两件事情，一件是鼠标的坐标与蝴蝶的坐标重合，另一件是鼠标的坐标与蝴蝶的坐标不重合。如果二者重合，那么蝴蝶飞走；如果不重合，那么蝴蝶不动。这个语句，就是从中选择一个的句子。"If"相当于汉语的"如果"，if 后面小括号里的内容 hd.hittest(x,y,true)是条件，即鼠标指针的坐标与蝴蝶坐标重合。大括号里的内容 setproperty("hd",_x,50+random(400))是结果，即蝴蝶飞到横坐标是 50～450 的地方。本来，应该还有"or"语句，这里省略了。

【读者演练】

制作一个爱护农作物的课件。一只小羊在农田里吃庄稼，一个小朋友去驱赶。小朋友一走近小羊，小羊便逃跑了。制作小朋友驱赶小羊的动画。

第七节　百变人生

【学习指导】

了解影片有哪些属性，会用按钮改变影片的属性。

任务：用按钮控制一对舞者的属性。

任务分析：影片有 20 多条属性，这里主要研究如何控制影片剪辑"舞者"的旋转角度、宽、高、透明度和坐标。

"舞者"是一个包含有跳舞动画的影片剪辑元件，动画可以从网上下载，也可以自己制作。用按钮控制它，肯定得有按钮的存在，按钮可以从菜单栏"窗口"项下拉列表下的"公用库"中调取。制作动画的关键问题是怎样把按钮和影片剪辑"舞者"联系起来。这就需要编写命令代码了。

动画来源：我的电脑\E 盘\Flash 制作课件\图片（音乐）。

操作程序：

1. 导入 gif 动画"舞者"

把"我的电脑\E 盘\Flash 制作课件\动画"中的名为"舞蹈"的 gif 动画导入到库。动画入库后，自动转换为影片剪辑元件。

2. 设置影片剪辑元件"舞蹈"

从库中把影片剪辑元件"舞蹈"拖放到舞台上→在"属性"面板里输入它的实例名称：abc。

3. 添加按钮

选择菜单栏"窗口"项下拉列表中"公用库"中的"按钮"。在"按钮库"里，从 classic buttons 下的 arcade buttons 里拖放出五个"礼帽"按钮，从 classic buttons 下的 key buttons 里拖放出五个"方键"按钮，从 classic buttons 下的 ovals 里拖放出五个"小石子"按钮，从 classic buttons 下的 push buttons 里拖放出一个"点状"按钮，从 buttons bubble2 里拖放出五个"圆形"按钮。

4. 给按钮添加标注

双击按钮，进入按钮的编辑状态→在最上层再插入一个图层→在这个图层里输入按钮的名称。

按钮的名称要反映按钮的功能。比如，控制影片剪辑"舞者"顺时针旋转的按钮，可以写上"顺时针"；让"舞者"增高的按钮，可以写上"增高"。具体的标注如图 10.13 所示。

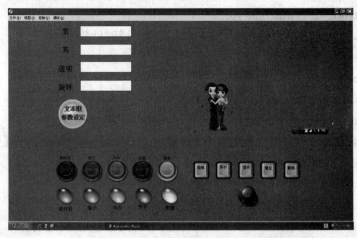

图 10.13

5. 给按钮添加代码

（1）"顺时针"按钮代码：单击"顺时针"按钮→在右区输入：

on (release) {

abc._rotation=abc._rotation+30;}

代码的意思是单击一次按钮，旋转 30 度角。

（2）"放大"按钮代码：单击"放大"按钮，在右区输入：

on (release) {

abc._xscale=abc._xscale+20;

abc._yscale=abc._yscale+20;}

代码的意思是，单击一次按钮，加宽 20 个像素，增高 20 个像素。其他按钮的设置方法相同，但是代码不同。

（3）"向右"按钮的代码：

on (release) {

abc._x=abc._x+20;}

代码的意思是，单击一次按钮，影片 abc（即舞者）的横坐标在原来的基础上增加 20 个像素。

（4）"加宽"按钮的代码：

on (release) {

abc._xscale=abc._xscale+20;}

代码的意思是，单击一次按钮，影片 abc（即舞者）的宽度增加 20 个像素。

（5）"增高"按钮的代码：

on (release) {

abc._yscale=abc._yscale+20;}

代码的意思是，单击一次按钮，影片 abc（即舞者）的高度增加 20 个像素。

（6）"逆时针"按钮的代码：

on (release) {

abc._rotation=abc._rotation-30;}

代码的意思是，单击一次按钮，影片 abc（即舞者）逆时针旋转 30 度角。

（7）"缩小"按钮的代码：

on (release) {

abc._xscale=abc._xscale-20;

abc._yscale=abc._yscale-20;}

代码的意思是，单击一次按钮，影片 abc（即舞者）的横坐标和纵坐标都减少 20 个像素。

（8）"向左"按钮的代码：

on (release) {

abc._x=abc._x-20;}

代码的意思是，单击一次按钮，影片 abc（即舞者）向左移动 20 个像素。

（9）"变窄"按钮的代码：

```
on (release) {
    abc._xscale=abc._xscale-20; }
```
代码的意思是，单击一次按钮，影片 abc（即舞者）变窄 20 个像素。

（10）"变矮"按钮的代码：
```
on (release) {
    abc._yscale=abc._yscale-20; }
```
代码的意思是，单击一次按钮，影片 abc（即舞者）的个子变低 20 个像素。

（11）"隐藏"按钮的代码：
```
on (release) {
    abc._visible=0; }
```
代码的意思是，单击一次按钮，影片 abc（即舞者）消失。

（12）"显示"按钮的代码：
```
on (release) {
    abc._visible=1; }
```
代码的意思是，单击一次按钮，影片 abc（即舞者）重新显示。

（13）"透明度"按钮的代码：
```
on (release) {
    abc._alpha=abc._alpha-10; }
```
代码的意思是，单击一次按钮，影片 abc（即舞者）的透明度降低 20%。

（14）"反透明"按钮的代码：
```
on (release) {
    abc._alpha=abc._alpha+10; }
```
代码的意思是，单击一次按钮，影片 abc（即舞者）的透明度增加 20%。

（15）"锁定"按钮的代码：
```
on (release) {
    abc._name=aaa; }
```
代码的意思是，单击按钮把影片剪辑"舞者"的实例名称 abc，更改为 aaa。

因为前面那些按钮的命令都是针对实例名称 abc 撰写的，命令中不含新的名称 aaa，所以，前面按钮的功能全部丧失。这相当于锁定了这些按钮。

使用按钮控制影片的属性的好处是方便，单击一下，就可以改变影片的属性。缺点是按钮需要得太多，下面介绍使用比较少按钮的方法来控制影片的属性。

6. 用文本框和按钮联合控制影片属性

在舞台的左上角，自上而下放置四个"输入文本"的文本框，实例名称依次为：kuan、gao、touming、xuanzhuan，"变量"依次为 k、g、t、x。在 kuan 内输入影片的宽度，宽度变量为 k；在文本框 gao 内输入影片的高度，高度的变量为 g；在文本框 touming 里输入影片的透明度，透明度的变量为 t；在文本框 xuanzhuan 里输入影片旋转后的角度，变量为 x。

在舞台的右边放置一个按钮，标注为"文本框参数设定"。

单击"文本框参数设定"按钮，打开"动作"面板，在右区输入代码：

```
on (release) {
    abc._xscale=k; //舞者 abc 的宽度=k。
    abc._yscale=g; //舞者 abc 的高度=g。
    abc._alpha=t; //舞者 abc 的透明度=t。
    abc._rotation=x; //舞者 abc 的角度=x。
}
```

这样就实现了单击按钮使舞者的宽度变成 k，同时，高度变成 g，透明度变成 t，旋转 x 度。影片剪辑"舞者"的原始宽度是 80，高度是 100，透明度是 100，角度是 0。对于宽度，若取"-80"，则男女更换位置；若大于 80，则加宽；大于 0 且小于 80，则变窄。对于高度，若取"-100"，则头朝下；大于 100，则增高；大于 0 小于 100，则变矮。对于透明度，透明度越小，舞者越是透明；透明度在 0 以下，看不到舞者；在 100 以上，完全显示。对于旋转的度数，取正数为顺时针转动，取负数为逆时针转动。

【操作研究】

1. 影片的属性

在影片剪辑的"属性"面板里列举了影片的名称、实例名称、宽、高、颜色、类别。其实影片还有很多属性。

_alpha	返回影片剪辑的 Alpha 透明度值
_currentframe	当前播放头在时间轴中所处的帧的编号
_focusrect	指定在具有焦点的按钮或文本字段周围是否显示黄色矩形
_framesloaded	返回从动态加载的 SWF 文件中已经加载的帧数
_height	指定影片剪辑的高度，以像素为单位
_highquality	指定应用于当前 SWF 文件的锯齿消除级别
_level	返回对_levelN 的根时间轴的引用。在使用 loadMovieNum()函数将 SWF 文件加载到 Flash Lite 播放器以后，才可使用_level 属性来定位这些文件。还可使用_levelN 来定位由 N 所指定级别处的已加载 SWF 文件
maxscroll	表明可滚动的文本字段中最后一行可见时，该字段中的第一个可见行的行号
_name	返回影片剪辑的实例名称，该属性仅应用于影片剪辑，而不应用于主时间轴
_rotation	返回影片剪辑距其原始方向的旋转程度，以度为单位
scroll	控制与变量相关联的文本字段中的信息的显示，scroll 属性定义文本字段开始显示内容的位置；设置此属性后，当用户滚动该文本字段时，Flash Lite 将更新此属性

_target	返回影片剪辑实例的目标路径
_totalframes	返回影片剪辑中的总帧数
_visible	表明影片剪辑是否可见
_width	返回影片剪辑的宽度，以像素为单位
_x	包含设置影片剪辑 x 坐标的一个整数
_xscale	设置从影片剪辑的注册点开始应用的该影片剪辑的水平缩放比例（百分比）
_y	包含设置影片剪辑 y 坐标的一个整数，该坐标相对于父级影片剪辑的本地坐标
_yscale	设置从影片剪辑注册点开始应用的该影片剪辑的垂直缩放比例（百分比）

本节中仅介绍了其中几个属性。

影片属性的表述格式："影片的实例名称+小数点+属性"。

例如，关于影片舞者的透明度的表示方法。若影片舞者的实例名称是 abc，透明度是_alpha，则"影片舞者的透明度"表示为"abc._alpha"。

2. 影片属性的控制

在播放影片的时候，控制影片剪辑元件的方法是在编辑的时候设置按钮和文本框，利用按钮控制，或者使用按钮和文本框联合控制。

【读者演练】

有个幼儿教师给小朋友讲孙悟空的故事。说孙悟空的金箍棒可以大、可以小。大到可以顶天立地，小到貌似一根绣花针。请你给这位教师做一个动画，用按钮控制金箍棒的大小。

第八节　学数字

【学习指导】

了解条件语句 switch 的格式，能够模仿完成任务。

任务：制作一个图片和数字同步出现的课件。

任务分析：幼儿园的数字教学包括 0～10 共 11 个数。0 表示没有，所以有 10 个对象与 1～10 相对应。我们用动画的小白兔与数字相对应。教学数字时需要用文本框显示。文本是输入的，所以，还需要有一个输入文本类型的文本框。我们设想的是输入文本之后，再出现相应的小白兔，所以还需要一个激发小白兔的按钮。因此，这个课件需要 10 只小白兔，一个输入文本类型的文本框和一个按钮。

操作方法：

1. 向库中导入一只动画小白兔

2. 在舞台上放置 10 只动画小白兔

从库中向舞台拖放出 10 只小白兔→在"属性"面板里明确它们的"实例名称"分别为 a、c、d、e、f、g、h、i、j、k→压缩动画小白兔，使之与屏幕协调。

3. 在舞台上添加一个输入文本型文本框和一个按钮

使用"文本"工具在舞台上拖放出一个文本框→在"属性"面板设置其字号为 30，实例名称为"shz"，变量为 b→从菜单栏"窗口"项下拉列表中的"公用库"的子菜单中"按钮"下拖放一个按钮放到屏幕上。如图 10.14 所示。

图 10.14

4. 在按钮上加载命令代码

```
on (press) //鼠标在按钮上按下左键
{switch (Number(b)); //可选择的参数是实例名称为"shz"的变量 b，b 是数字。
    {
    case 1: //如果这个参数是 1 的话，那么执行下面的语句
        a._visible=1;//实例名称为 a 的小白兔显示。
        c._visible=0;//实例名称为 c 的小白兔不显示。
        d._visible=0;//实例名称为 d 的小白兔不显示。
        e._visible=0;//实例名称为 e 的小白兔不显示。
        f._visible=0;//实例名称为 f 的小白兔不显示。
        g._visible=0;//实例名称为 g 的小白兔不显示。
        h._visible=0;//实例名称为 h 的小白兔不显示。
        i._visible=0;//实例名称为 i 的小白兔不显示。
        j._visible=0;//实例名称为 j 的小白兔不显示。
        k._visible=0;//实例名称为 k 的小白兔不显示。
        break;//结束。
```

```
case 2:
    a._visible=1;
    c._visible=1;
    d._visible=0 ;
    e._visible=0 ;
    f._visible=0 ;
    g._visible=0 ;
    h._visible=0 ;
    i._visible=0 ;
    j._visible=0;
    k._visible=0;
        break;
    case 3:
    a._visible=1 ;
    c._visible=1 ;
    d._visible=1 ;
    e._visible=0 ;
    f._visible=0 ;
    g._visible=0 ;
    h._visible=0 ;
    i._visible=0 ;
    j._visible=0 ;
    k._visible=0;
        break;
    case 4:
    a._visible=1;
    c._visible=1 ;
    d._visible=1 ;
    e._visible=1 ;
    f._visible=0 ;
    g._visible=0 ;
    h._visible=0 ;
    i._visible=0 ;
    j._visible=0 ;
    k._visible=0 ;
        break;
    case 5:
    a._visible=1;
```

```
            c._visible=1;
            d._visible=1 ;
            e._visible=1 ;
            f._visible=1 ;
            g._visible=0 ;
            h._visible=0 ;
            i._visible=0 ;
            j._visible=0;
            k._visible=0;
              break;
        case 6:
            a._visible=1 ;
            c._visible=1 ;
            d._visible=1 ;
            e._visible=1 ;
            f._visible=1 ;
            g._visible=1 ;
            h._visible=0 ;
            i._visible=0 ;
            j._visible=0 ;
            k._visible=0;
              break;
        case 7:
            a._visible=1;
            c._visible=1 ;
            d._visible=1 ;
            e._visible=1 ;
            f._visible=1 ;
            g._visible=1 ;
            h._visible=1 ;
            i._visible=0 ;
            j._visible=0 ;
            k._visible=0 ;
              break;
        case 8:
            a._visible=1;
            c._visible=1;
            d._visible=1 ;
```

```
        e._visible=1 ;
        f._visible=1 ;
        g._visible=1 ;
        h._visible=1 ;
        i._visible=1 ;
        j._visible=0;
        k._visible=0;
          break;
case 9:
        a._visible=1 ;
        c._visible=1 ;
        d._visible=1 ;
        e._visible=1 ;
        f._visible=1 ;
        g._visible=1 ;
        h._visible=1 ;
        i._visible=1 ;
        j._visible=1 ;
        k._visible=0;
          break;
case 10:
        a._visible=1;
        c._visible=1 ;
        d._visible=1 ;
        e._visible=1 ;
        f._visible=1 ;
        g._visible=1 ;
        h._visible=1 ;
        i._visible=1 ;
        j._visible=1 ;
        k._visible=1 ;
          break ;
    default ://否则，执行下面的命令。即如果上面的 10 种情况都不是，那么执行下面的
命令。
        a._visible=0 ;
        c._visible=0 ;
        d._visible=0 ;
        e._visible=0 ;
```

```
            f._visible=0 ;
            g._visible=0 ;
            h._visible=0 ;
            i._visible=0 ;
            j._visible=0;
            k._visible=0;
        }
    }
```

测试影片时发现，刚开始的时候，屏幕上有 10 只小白兔。输入数字，单击按钮后，才显示与数字相同个数的小白兔。如果要求在没有教学之前，屏幕上不要出现小白兔，那该怎么办呢？

1. 在帧上加载命令代码，让计算机播放之初屏幕上不显示小白兔

单击第一帧，加载如下命令：

```
switch (m) {
    case 1:
        a._visible=1;
        c._visible=0;
        d._visible=0;
        e._visible=0;
        f._visible=0;
        g._visible=0;
        h._visible=0;
        i._visible=0;
        j._visible=0;
        k._visible=0;
            break;
default:
        a._visible=0;
        c._visible=0;
        d._visible=0;
        e._visible=0;
        f._visible=0;
        g._visible=0;
        h._visible=0;
        i._visible=0;
        j._visible=0;
        k._visible=0;
    }
```

这段代码的意思是，当参数 m=1 时，显示一个小白兔，否则不显示小白兔。因为，我们没有给 m 赋予具体的数值，所以，计算机开始播放的时候不显示小白兔。

【操作研究】

1. switch 条件语句

有若干个条件供选择的语句，叫作条件语句。在 Flash 8.0 里有几种条件语句，我们在学习时间函数的时候学习了一种条件函数 if，这一节使用了名字叫 switch 的条件语句。

switch 的格式：

switch (参数) {
    case 半个字符的空格 参数 1 冒号
    满足这个参数时执行的命令；
    case 参数 2 冒号
    满足这个参数时执行的命令；
    ……

default：
    不满足参数时所执行的命令；
}

其中，switch 是一个祈使词，表明下面是一个条件语句。目的是让计算机做好准备。它后面小括号内的"参数"是选择的全部条件。比如，小白兔的只数 Number(b) 是 1、2、3、4、5……等自然数，它给定了一个范围。case 后面的参数在 switch 后面小括号内的参数范围内。Default 是否则的意思。

例如：

switch (m) {
    case a：
    a._visible=1；
      c._visible=0；
    case b：
    a._visible=1；
      c._visible=1；
   default：
    a._visible=0；
      c._visible=0；
}

m 表示英文字母，case 后面的 a、b 都在 m 的范围内。

2. if 与 switch 的比较

if 是二选一。从两种情况中选择一种情况。要么执行这种情况，否则就执行另一种情况。语句形式是如果……，那么……，否则……。

switch 是多选一。它可选择的是一个范围，包括有多种情况，可以从中任选一种，如果都不选择的话，则选择其他。语句形式是：

如果……，那么……；

如果……，那么……；

如果……，那么……；

如果……，那么……；

……

否则……。

相当于把 if 语句进行了详细的分类。

【课件使用】

先激发出小白兔，让幼儿数小白兔的数量，再教学数的写法。可以先让幼儿看数字，再模仿着写数字。教师就学生仿写的情况，教学写数的方法。

【读者演练】

制作一个幼儿数苹果的课件。

第九节　用 Flash 8.0 绘制正弦函数

【学习指导】

了解"绘图"按钮、"重复"按钮和"停止"按钮代码的意思。

三角函数是一种重要的函数，正弦函数是三角函数中最基本的、最重要的函数，初等数学、中等数学和高等数学都从不同层面对它做出不同层次的研究。在数字化的今天，有不少数学爱好者、计算机爱好者和数学与计算机能力兼备的人才，在研究使用计算机绘制正弦函数的图像，并设计出了一些数学软件。利用这些软件，可以在计算机上绘制出正弦函数的图像。专业的数学制作软件，界面视觉效果不佳，交互的标识符难以理解，内容过分抽象，对于不是专门从事计算机和数学研究的普通教师来说，学习使用这些软件相对困难。本节旨在研究使用常见的二维动画软件 Flash 8.0 制作出绘制正弦函数的软件。

任务：使用 Flash 8.0 软件开发这样一个绘图软件：通过输入数据控制正弦函数图像的起点、振幅，能够使用按钮启动绘图、停止绘图、终止绘图。

任务分析：在笛卡尔直角坐标系中，一个点的坐标是一组数据。要表现图像的起点，那么就需要两个数据。一个数据使用一个文本框、两个坐标和振幅，共需要三个文本框。在 Flash 8.0 里文本框有三种格式，一种是静态文本，一种是输入文本，还有一种是动态文本。不同的文本格式有着不同的属性和不同的功能。只要是创建文本框，必然要设置它的格式。因为，我们要求绘图软件中的文本框可以在播放的时候输入文本，因此，这三个文本框都是输入文本格式。

将要制作的绘图软件，有三个控制功能：①启动绘画，电脑开始绘出正弦函数图像。②终止绘画，使正在绘画的动作停止。③重新绘画，重复原来的绘图过程。这是三个不同的功能，因此，需要用三个按钮实现其功能。

操作方法：

1. 添加文本框

打开 Flash 8.0 软件，在图层 1 的第一帧，单击绘图工具栏的文本工具"A"→在工具栏下面"填充色"按钮下选择文本颜色（比如黑色）→在舞台下面的"属性"面板上选择"静态文本"→在舞台上拖放出三个文本框，分别输入"起点横坐标""起点纵坐标""振幅"→把三个文本框放到舞台的左上角，自上而下排列→选中三个静态文本→单击菜单栏"修改"项下拉列表中的"对齐"命令→再选择"水平居中"→再选择菜单栏"修改"项下拉列表中的对齐命令→再选择"按高度均匀分布"。

单击绘图工具栏的文本工具"A"→在工具栏下面"填充色"按钮下选择文本颜色（比如蓝色）→在舞台下面的"属性"面板上选择"输入文本"→在舞台上拖放出三个文本框→使用菜单栏"修改"项下拉列表中的"对齐"命令，使三个文本框与三个静态文本对齐→单击表示起点横坐标的文本框→在"属性"面板里设置实例名称为 a，变量为 a→单击表示起点纵坐标的文本框→在"属性"面板里设置实例名称为 b，变量为 b→单击表示振幅的文本框→在"属性"面板里设置实例名称为 m，变量为 m。

2. 添加按钮

选择菜单栏"窗口"下拉列表中的"公用库"中的"按钮"。打开"按钮对话框"→双击"按钮对话框"中的"classic buttons"，打开按钮集合→双击"classic buttons"下的"arcade buttons"，打开草帽按钮集合→从"arcade buttons"集合中向舞台上拖放出三个按钮，颜色为蓝、绿、红。

双击蓝色草帽按钮，打开按钮编辑窗口→单击最上层→再单击时间轴左下角的"插入图层"按钮，添加一个图层→在这个图层中创建一个静态文本框→输入"绘图"，作为启动绘图程序按钮的标注。

如法炮制，在绿色草帽按钮上加注"重复"二字，表明这个按钮是启动重新绘画功能的。在红色草帽按钮上加注"停止"二字，表明这个按钮是终止绘画的。

把三个按钮拖放到舞台的下边，使用菜单栏"修改"项下拉列表中的"对齐"命令，调整好三个按钮的大小和位置。

3. 画笛卡尔坐标系

研究三角函数的图像离不开笛卡尔坐标系。所以，开发这个软件需要在舞台上绘制笛卡尔坐标系。

使用工具栏里的"线条"工具，在舞台上拖放出坐标系的横轴和纵轴，以及坐标轴的方向。使 x 轴长 320 像素，坐标为 x：200，y：150。Y 轴长 200 像素，坐标为 x：230，y：50。坐标原点为 x：230，y：150。如图 10.15 所示。

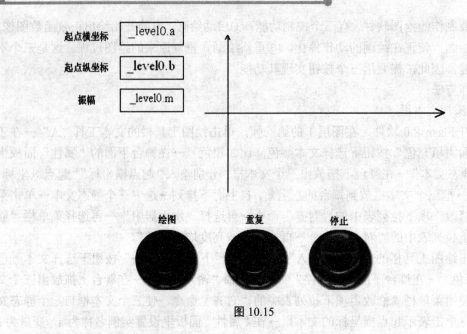

起点横坐标　`_level0.a`

起点纵坐标　`_level0.b`

振幅　`_level0.m`

绘图　重复　停止

图 10.15

4. 给绘图按钮加载命令代码

选中绘图按钮→单击舞台左下角的"动作"二字，打开"动作"面板→在它的右边（俗称右区）输入如下代码：

```
on (press) {
    x0=Number(a);
y0=Number(b);
c=Number(m)du=0;
_root.moveTo(x0,y0) ;
x=x0;
_root.onEnterFrame=function()
{
_root.lineStyle(3,0x00ff00,100);
hudu=Math.PI*du/180;
x=x+0.5;
du++;
y=y0-c*Math.sin(hudu);
_root.lineTo(x,y);}
}
```

代码的含义如下：

```
on (press) {
    x0=Number(a); //定义开始绘制的位置。
y0=Number(b);
c=Number(m); //定义一个初始的振幅，也就是扩大一个，不然 sinθ 的值小于 1，很
```

难看出来。

du=0;//定义开始绘制的角度。

_root.moveTo(x0,y0); //绘制的初始位置。

x=x0; //定义开始绘制的水平位置。

_root.onEnterFrame=function(); //进入帧时，开始绘制。

{_root.lineStyle(3,0x00ff00,100); //绘制格式。

hudu=Math.PI*du/180; //把角度转换为弧度。

x=x+0.5; //水平方向每隔 0.5 象素，绘制一次。

du++; //角度递加，每次加一度。

y=y0-c*Math.sin(hudu); //绘制的 y 坐标。在这里为什么用 y0 减去这个三角函数值呢？因为三角函数计算出来在小于 180 度时为一个正值而对于 Flash 的场景来说，上边数值小，下面数值大，为了和数学上的函数图像适应，所以要减去。

_root.lineTo(x,y)}//绘制。

if(du==720)//如果角度增加到 720 度，也就是两个循环，那么就重新开始绘制函数图像。

{

}

5. 测试影片

选择菜单栏"控制"项下拉列表中的"测试影片"命令→在文本框里输入起点的横坐标、纵坐标和振幅→单击蓝色草帽按钮启动动画绘制。

测试影片时发现，正弦函数的起点不是坐标原点，而是在原点以外的某个地方。这是为什么呢？

这是因为在播放的时候，输入的绘图的横坐标和纵坐标不是坐标原点。所以，绘图不从原点开始。要使绘图从坐标原点开始，那么 x0 和 y0 应该是坐标原点的坐标，即x0=230 像素，y0=150 像素。

6. 重新测试影片

播放影片后，在起点横坐标后面的文本框里输入 230，在起点纵坐标后面的文本框里输入 150，在振幅后面的文本框里输入 55。单击"绘图"按钮，发现电脑从原点开始绘制正弦函数的图像。

这里有这样一个问题，我们习惯上把坐标原点的坐标定为（0，0），用（230，150）表示坐标原点，特别别扭。那么怎样才能够恢复习惯，让原点的坐标为（0，0）呢？这就需要修改命令中起点的代码。

7. 修改起点的命令代码

单击"绘图"按钮→打开按钮的"动作"面板→把右区中的

x0=Number(a);

y0=Number(b);

修改成：

x0=230+Number(a);

y0=150+Number(b);即可。

8. 测试影片

播放影片时，在起点横坐标后面的文本框里输入 0，纵坐标后面的文本框里输入 0，单击"绘画"按钮。发现电脑从原点处开始绘制正弦函数的图像。

重新播放影片，在起点横坐标后面的文本框输入 100，纵坐标后面的文本框输入 100，单击"绘图"按钮。发现起点并不在第一象限，而是在第四象限。这又是为什么？

原来，Flash 8.0 把舞台的左上角定为原点，坐标为（0，0），单位为像素。向右为横轴的正方向，向下为纵轴的正方向。其中纵轴的方向与数学中笛卡尔坐标系的方向恰恰相反。因此，要想使输入绘图起点坐标与实际情况一致，就得修改命令代码，在代码里把纵坐标的方向调整过来。

9. 再次修改起点的命令代码

打开"绘图"按钮的"动作"面板，把"y0=150+Number(b);"修改成"y0=150-Number(b);"。

测试影片发现，我们在振幅的文本框里输入的 50，是一个相当大的数，画出的图像应该非常高，可是，实际上画出的图像其实并不高。这是为什么？

这是因为我们输入的起点坐标值与数轴上的单位不一致。输入的坐标是以像素为单位的，而数轴上的量是以弧度为单位的。要使输入的数值与数轴上的数值一致，就得把两个单位统一起来。

经过测试，数轴上的 1 个单位，大致相当于 30 像素。因此，我们把有关的变量都扩大 30 倍就可以了。

10. 修改绘图按钮命令下的自变量

把：x0=230+Number(a);

y0=150-Number(b);

c=Number(m);

分别修改成：

x0=230+Number(a)*30;

y0=150-Number(b)*30;

c=Number(m)*30;即可。

11. 给停止按钮加载命令代码

单击"停止"按钮→单击舞台左下角的"动作"→在右区输入如下代码：

```
on (press) {
    x0=Number(a);
y0=Number(b);
c=Number(m);
du=0;
_root.moveTo(x0,y0);
x=x0;
_root.onEnterFrame=function()
```

```
}
_root.lineStyle(3,0x00ff00,100);
hudu=Math.PI*du/180;
x=x;
y=y0-c*Math.sin(hudu);
_root.lineTo(x,y);}
}
}
```

这组代码与"绘图"按钮的代码略有不同，少了"x=x+0.5;"和"du++;"。x=x+0.5即横坐标以 0.5 个像素递增，du++表示角度数累加，即 sina（du）中的 du 逐渐增大。取消了 x=x+0.5 和 du++语句，就停止了绘图。

12. 给"重复"按钮加载命令代码

打开"重复"按钮的"动作"面板，在右区输入如下代码：

```
on (press)
{clear()
x=x0;
_root.moveTo(x0,y0)
du=0;}
```

代码的意思是：

```
on (press); //当鼠标指针在按钮上按下时，执行下列命令。
{clear(); //清空屏幕。
x=x0; //绘图的自变量从 x0 开始。
_root.moveTo(x0,y0); //绘画从 x0，y0 开始。
du=0; //最初的角度为 0。
}
```

【软件的使用】

1. 教学正弦函数的图像和一般属性

在起点的横坐标和纵坐标文本框里输入 0，在振幅的文本框里输入 1，单击"绘图"按钮。当绘出需要的图形后单击"停止"按钮，终止绘图。根据画出的图形可以研究正弦函数的周期、增减性、最值等。

如果想重复绘图的过程，可以单击"重复"按钮。"重复"按钮重复的是上一次的操作。如果上一次执行的是"停止"操作，那么单击这个按钮，执行的是再停止一次。如果上一次执行的是"画图"操作，那么单击这个按钮执行的是再画一次。

2. 研究正弦函数图形的平移问题

可以先在起点横坐标和纵坐标里输入 0，振幅文本框输入 1，单击"绘图"按钮绘出图形，单击"停止"按钮。重新输入起点的横坐标和纵坐标，振幅仍旧是 1，单击"画图"按钮，画出另外的曲线。把这些曲线放在一起做比较。研究正弦函数图形的平移问题。

3. 研究正弦函数的振幅

可以先绘出振幅是 1 的正弦函数图像，再绘出振幅不是 1 的正弦函数图像。对这些图像进行比较，得出有关的结论。

【读者演练】

（1）模仿制作绘制余弦函数图像的软件。

（2）模仿制作绘制抛物线图像的软件。

后　记

关于素材的使用问题。因为案例中可能会涉及素材的位置，因此，建议读者最好先把素材保存到案例指定的位置。这样，就可以按照案例提供的操作方法逐步操作了。

关于 Flash 的版本问题。Flash 有多个版本，本书的案例是使用 Flash 8.0 制作的。建议同学们使用 Flash 8.0 版本进行学习。Flash 2004 和 Flash 8.0 的功能差不多，也可以使用 Flash 2004 学习本书的案例。

Powerpoint 也有多个版本，本书介绍的是用 Powerpoint 2010 制作课件，建议读者在学习之前先在自己的计算机上安装这个版本的软件。这样，就可以根据教材按图索骥了。

本教材在使用时，不一定全部教学，要根据教学时间和学生的接受能力有选择地使用教材。课时长可以多教学一些，课时短可以少教学一些；中等幼儿师范可以少教学一些，大专班可以多教学一些。不论怎样取舍教材，都必须包含 Flash 8.0 和 Powerpoint 2010 的基本功能和基本操作。切记，不可非要教学全部内容，非要让学生掌握课件制作的全部方法，这不一定不切合实际的。因为教学时间有限，所以，只要能够使学生掌握制作课件的基本方法，在离开教师的情况下，能够选择制作课件的软件，找到有相仿的事例，会模仿制作课件就可以了。

关于代码问题。考虑到幼儿师范学校学生的英语水平和代码在幼儿教育中的实际意义，我们不要求必须教学代码，只是希望学生能够了解代码的大致意思，会复制修改动画，制作出符合自己教学要求的课件。所以，没有必要死记硬背代码。